# ESG창업 가이드북

한광식, 박종철, 이종현 공저

이프레스

## 머/리/말

ESG 이슈가 뜨겁습니다. ESG 경영을 위해 환경(Environmental) 측면에서는 기후변화, 탄소중립, 환경오염 완화를 위한 자원 및 폐기물 관리, 에너지 효율화가 중요한 이슈입니다. 사회(Social) 측면에서는 소비자와 투자자가 사회에 유익(有益)을 주는 기업에 관심을 보이기 시작했습니다. 거버넌스(Governance) 측면에서는 투명하고 신뢰도 높은 이사회 구성과 활동, 투명성이 높은 감사제도 운영 등을 통해 최대한 부패를 방지하고, 기업윤리를 준수함으로써 높은 지배구조 가치를 확보하고자 하는 움직임입니다.

기업, 기관, 정부 측면에서 당면한 ESG 경영은 중장기적인 리스크 헤지 경영(Risk Hedge Management)이기도 합니다. 글로벌 관점에서는 규제를 동반하고 국가와 금융 그리고 기업에는 압력으로 작용하고 있습니다. 더불어 디지털 전환(Digital Transformation)과 연계해 혁신을 부르기도 합니다.

이런 상황 속에서 새로운 지식을 창출하고, 위험을 감수하면서도 사업화를 추진하거나 사업에 반영하려는 의지와 행동은 국가 차원에서 매우 중요한 일입니다.

ESG창업은 이 같은 시대에 더욱 주목됩니다. 특히 수출 의존도가 높은 우리나라의 경우 EU에서 법률로 규범화되고 있는 다양한 형태의 ESG 규제 압력은 매우 큰 위협요인으로 작용하고 있습니다.

ESG창업과 관련해 각광 받는 글로벌 스타트업을 살펴보면, 식물성 인공고기 제조로 유명한 미국의 임파서블 푸드(Impossible Foods), 2015년 음식 폐기물 감축이라는 문제를 해결하기 위해 설립한 영국의 올리오(Olio), 모듈별로 수리 교체가 가능하게 설계한 네덜란드의 페어폰(Fairphone) 등이 있습니다.

우리나라에서도 ESG와 관련된 사업영역이 확대되려면 무엇보다도 혁신적인 사고와 기업가정신이 함양되어야 합니다. 정부차원에서도 ESG 시민 체감 정책과 ESG창업 붐(boom) 조성이 요구됩니다. ESG 경영은 모든 조직에서 'ESG 경영 내재화'와 'ESG 경영 사업화'라는 투트랙(Two Track)으로 대비하여야 합니다.

특히 조선업 등 환경 규제로 직면하게 되는 문제를 해결하고 해당 산업의 경쟁력을 높이기 위해서는 ESG 이해관계자들의 ESG 창업 생태계 조성과 활성화가 무엇보다 중요합니다. 대기업, 중견기업 및 중소기업이 대처하지 못하는 부분을 ESG 스타트업들을 통해 그들의 경쟁력을 강화할 필요가 있습니다.

ESG는 청년세대, 특히 MZ세대의 가치관과 일맥상통한 점이 많습니다. ESG 이슈에 대한 체계적인 교육, ESG 지표 및 표준 개발을 통해 ESG와 관련된 표준화, 규제 등에 효과적으로 대처하고, 다양한 아이디어와 기술, 관련 솔루션 개발 등을 통해 ESG 경쟁력이 크게 높아졌으면 좋겠습니다. 그리고 본서가 그 역할을 하기를 기대합니다.

무엇보다도 이 책이 출간될 때까지 마음을 다하여 주신 이프레스의 최용구 대표님과 인터뷰에 응해주신 김영덕 은행권청년창업재단 대표, 조상래 언더독스 대표님과 함께 해주신 황보윤 (사)한국창업지도사협회 회장께 깊은 감사의 마음을 전합니다.

2024년 3월

저자 한광식, 박종철, 이종현 드림

## 차/례

## Chapter 09 알아두면 도움이 되는 팁



## Chapter 10 ESG창업 국내·외 사례



## Chapter 11 창업 전문가 인터뷰

Chapter

01

# ESG 개관

Environmental, Social and Governance

# 1. 개요

ESG는 환경(environmental), 사회(social), 거버넌스(governance)의 이니셜을 합친 용어이다.

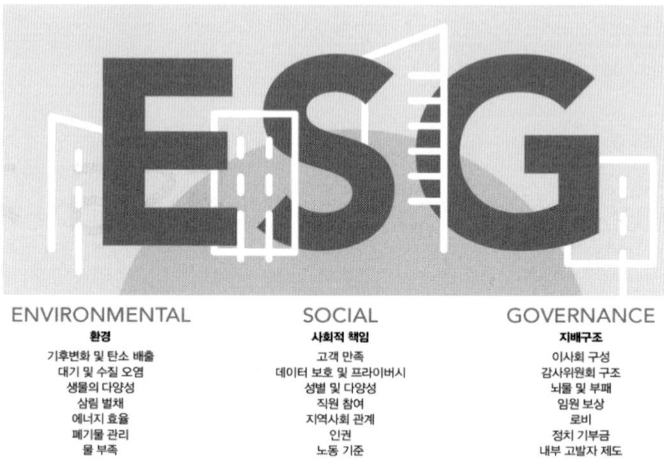


'E'는 환경(environmental)을 의미하며 온실가스와 같은 자연 생태계에 대한 기업의 영향을 측정하는 요소이며, 투자대상을 선정함에 있어 기업의 생산활동에서 오염물질을 배출하거나 제품 생산과정에서 사용되는 물의 양, 에너지의 종류 등을 고려하겠다는 것이다.

'S'는 사회(social)를 의미하며 노동력, 고객, 사회와 관련된 기업활동을 말하며, 노동의 질, 노동자의 건강과 안전, 노동훈련 등 기업활동을 위해서 노동자의 건강과 안전과 관련된 노동인권을 보호하고, 노동훈련과 교육을 통하여 노동의 질을 제고하면서 기업의 생산성을 높이는 것을 의미한다.

'G'는 거버넌스(governance)를 의미하며, 이사회 구성이 다양하고, 독립적인지, 경험이 많은 자들로 이사회가 구성되는지가 중요하다. 사기나 뇌물, 부패와 같은 불법적인 행동을 하지 않고, 경영진의 보수를 합리적인 수준으로 책정하는지 여부도 투자에 중요한 요소가 된다.

〈표 1-1〉 ESG 구성요소

| 구분 | 내용 |
|---|---|
| E | 에너지 효율성, 탄소 발자국, 온실가스 배출, 삼림 벌채, 생물 다양성, 기후 변화 및 오염 완화, 폐기물 관리 및 물 사용을 검증한다. |
| S | 노동 기준, 임금 및 혜택, 직장 및 이사회 다양성, 인종 정의, 임금 형평성, 인권, 인재 관리, 지역 사회 관계, 개인 정보 보호 및 데이터 보호, 건강 및 안전, 공급망 관리 및 기타 인적 자본 및 사회 정의 문제를 포함한다. |
| G | "E" 및 "S" 범주의 관리(기업 이사회 구성 및 구조, 전략적 지속 가능성 감독 및 준수, 임원 보상, 정치 기부 및 로비, 뇌물 수수 및 부패)를 다룬다. |

출처: Bergman, M. S., Deckelbaum, A. J., & Karp, B. S. (Aug.1, 2020). Introduction to ESG

# 2. 역사

## 1) ESG 배경

18세기 후반의 산업혁명 이후 과학 기술의 발전으로 대량생산·대량소비가 가능하게 됨에 따라 전례 없는 풍요로움을 누렸으나, 그에 따른 대가로 지구환경이 열악해지는 문제가 발생하였다.

기업의 발전이 환경과 사회에 미치는 영향이 밀접함에 따라 기업을 둘러싼 다양한 문제에 대한 적극적인 대응을 요구하게 되었다. 과거 투자자는 '실적'과 '재무상황'에 국한하여 경영상황을 평가하고 투자를 결정하였으나 지속적인 성장을 위해서는 ESG를 통한 지속가능성을 확보하는 것이 중요하다는 사고가 기업과 투자자 사이에 확산되었다.

기업은 영리추구를 본질로 하는 개체인 것이 전통적인 기업관이었다고 한다면, ESG 투자는 영리추구가 기업의 유일한 또는 가장 중요한 목적으로 보지 않고, 비재무적인 요소인 환경, 사회공동체, 그리고 지배구조 측면에서 선한 영향력을 끼치는 것을 고려하여 소위 좋은 기업으로 보고 투자하겠다는 것이다.

### 2) ESG 역사

UN은 1987년 지속가능성 개념(Brundtland 보고서), 2004년 ESG 개념(Who Cares Wins 보고서), 2006년 UN PRI(책임투자원칙) 등을 만들었고, 2004년 UN 'Who Cares Wins' 보고서를 통해 ESG 투자라는 용어를 공식화하여, 환경, 사회, 지배구조라는 세 가지 기준을 제시하였다.

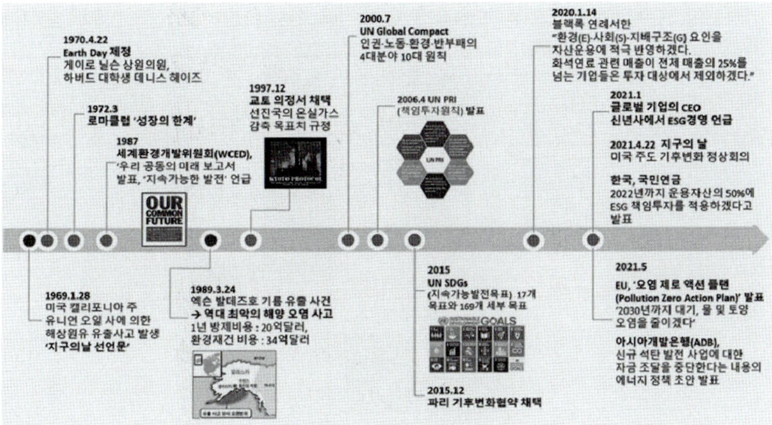


[그림 1-1] ESG 역사

출처: 유훈, The Way to ESG: ESG에 대한 이해와 추진전략, 중견기업이슈리포트 Vol 4(2021.7)

# 3. UN SDGs

## 1) 개요

UN이 2000년부터 2015년까지 시행된 새천년개발목표(MDGs) 종료 후, 2015년 9월 새로 설정한 목표이며, 2016년부터 2030년까지 시행하는 유엔과 국제사회의 최대 공동목표(SDGs)이다. 2015년 제70차 UN총회 및 UN지속가능개발 정상회의에서 193개국 만장일치로 제정하였으며, SDGs는 매년 3조3,000억~4조 5,000억 달러(3,850조~5,880조 원)의 천문학적 예산이 들어가고, 전 세계 산업계에도 큰 영향을 미치고 있다.

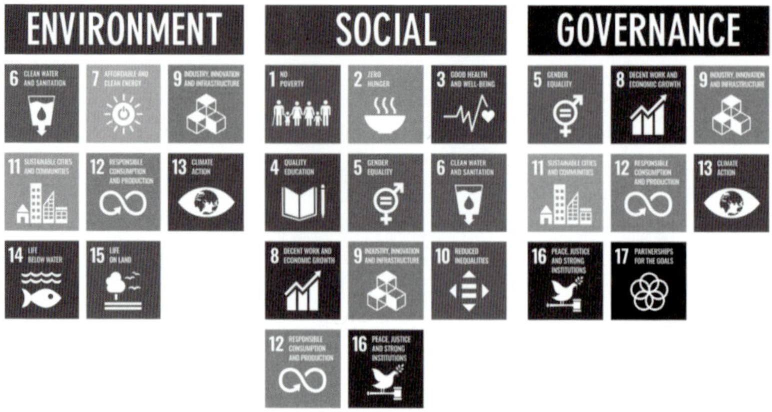


[그림 1-2] UN SDGs 체계도

UN SDGs는 인류의 보편적 사회문제(빈곤, 질병, 교육, 여성, 아동, 난민, 분쟁 등), 지구 환경 및 기후변화 문제(기후변화, 에너지, 환경오염, 물, 생물 다양성 등), 경제 문제(기술, 주거, 노사, 고용, 생산 소비, 사회구조, 법, 인프라구축, 대내·외 경제)를 2030년까지 17가지 주요 목표와 169개 세부 목표로 해결하고자 이행하는 국제사회 목표이다. UN SDGs는 글로벌 주요 기업이 기업경영 핵심 가치로 삼는 '지속가능경영', 'ESG 경영', '환경경영'의 가장 중심이 되는 글로벌 기준이 되고 있다.

〈표 1-2〉 UN SDGs 17개 목표

| | |
|---|---|
| 목표 1 | 모든 형태의 빈곤을 모든 지역에서 종식시킨다. |
| 목표 2 | 기아를 종식하고, 식량안보 및 영양개선과 지속가능한 농업을 증진한다. |
| 목표 3 | 건강한 삶을 보장하고 모든 세대의 복지를 증진한다. |
| 목표 4 | 모두를 위한 포용적이고 공평한 양질의 교육 보장 및 평생학습 기회를 증진한다. |
| 목표 5 | 양성평등 달성 및 모든 여성과 여아의 역량을 강화한다. |

| | |
|---|---|
| 목표 6 | 모두를 위한 식수 및 위생시설의 접근성을 확보하고 지속가능한 관리를 보장한다. |
| 목표 7 | 모두를 위한 적정 가격의 신뢰성 있고 지속가능한 현대적인 에너지의 접근을 보장한다. |
| 목표 8 | 지속적, 포괄적, 지속가능한 경제성장을 촉진하며, 완전하고 생산적인 고용 및 모두를 위한 양질의 일자리를 증진한다. |
| 목표 9 | 복원력 있는 인프라시설을 구축하고 포용적이고 지속가능한 산업화를 촉진시키며 혁신을 장려한다. |
| 목표 10 | 국가 내, 국가 간 불평등을 완화한다. |
| 목표 11 | 포용적이고 안전하고 복원력이 있으며 지속가능한 도시와 인간 거주지를 조성한다. |
| 목표 12 | 지속가능한 소비 및 생산 양식을 보장한다. |
| 목표 13 | 기후변화와 그 영향에 대처하는 긴급 행동을 시행한다. |
| 목표 14 | 지속가능한 발전을 위한 대양, 바다, 해양 자원을 보호하고 지속가능하게 이용한다. |
| 목표 15 | 육상 생태계를 보호, 복원 및 지속가능하게 이용하고, 산림을 지속가능하게 관리하며, 사막화와 토지 황폐화를 방지 및 복원하고, 생물 다양성의 손실을 방지한다. |
| 목표 16 | 지속가능 발전을 위해 평화롭고 포용적인 사회를 촉진하고, 모두를 위한 사법 접근성을 확보하며, 모든 차원에서 효과적이고 신뢰할 수 있는 포용적 제도를 구축한다. |
| 목표 17 | 이행수단 강화 및 지속가능발전을 위한 글로벌 파트너십을 확대한다 |

출처: UN Global Compact 등, SDG Compass, 지속가능발전목표(SDGs)에 관한 기업 행동 지침, p. 7.

## 2) 국내 SDGs 이행상황

글로벌 SDGs 이행은 국가 및 지역(region) 차원의 이행을 통해서 완성국가 및 지역 단위에서는, 각 맥락에 부합하는 목표 및 세부 목표를 수립한다. 한국은 2018년 3월, 환경부 소관의 지속가능발전위원회 주도로 K-SDGs 구축을 선포하고, 약 9개월간의 논의 과정을 거쳐 214개 지표를 선정하였다. 정부는 UN 지속가능발전목표의 국제적 합의를 이행하고 국가 단위에서의 지속가능발전을 촉진하기 위한 목적으로 「저탄소 녹색성장 기본법」에 근거하여 20년 기간의 지속가능발전 기본계획을 5년마다 세워 실행하도록 하고 있다. 2021년 4월 지속가능발전목표 한국 데이터 플랫폼이 구축되었으며 「한국의 SDGs 이행 현황 2021 보고서」도 발간되는 등 국가 차원에서 국제사회의 지속가능발전목표 달성을 위한 노력에 동참하고 있다.

## 4. 글로벌 ESG 동향

EU 중심으로 연성규범(Soft Law)을 경성규범(Hard Law, 법률)화하는 작업이 지속되고 있다. EU는 빠른 속도로 법률로 제도화하여 무역장벽으로 무역의존도가 높은 국내 기업들을 압박한다. 탄소국경조정제도(CBAM)와 공급망 실사 지침, 지속가능성 공시지침을 포함한 EU(유럽연합)발 환경 규제가 올해부터 잇따라 시행에 들어가면서 국내 산업계에 경고등이 켜지고 있다. 현지 업계에 따르면 EU가 2023년 도입을 추진하는 신규 규제만 43개가 예상된다고 한다.

미국의 경우 Me Too 운동 이후 ESG의 중심이 S로 이동하면서 주주는 회사, 이사회 및 임원에 대한 소송제기와 회사에 대한 주주제안이 증가하고 있다.

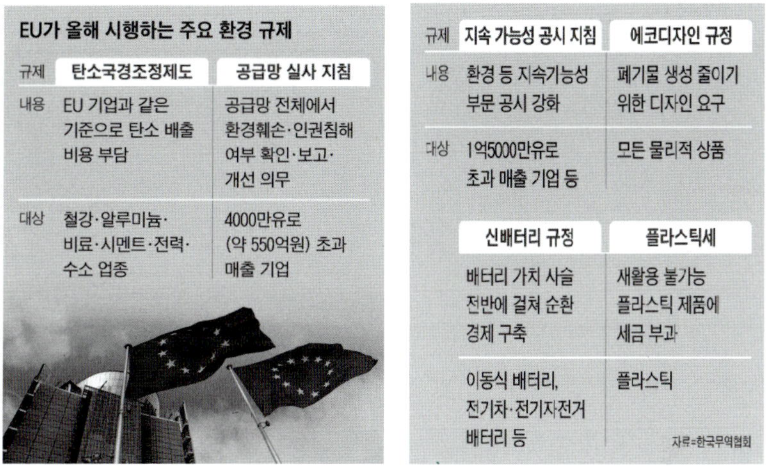

EU가 올해 시행하는 주요 환경 규제

| 규제 | 탄소국경조정제도 | 공급망 실사 지침 | 지속 가능성 공시 지침 | 에코디자인 규정 |
|---|---|---|---|---|
| 내용 | EU 기업과 같은 기준으로 탄소 배출 비용 부담 | 공급망 전체에서 환경훼손·인권침해 여부 확인·보고·개선 의무 | 환경 등 지속가능성 부문 공시 강화 | 폐기물 생성 줄이기 위한 디자인 요구 |
| 대상 | 철강·알루미늄·비료·시멘트·전력·수소 업종 | 4000만유로(약 550억원) 초과 매출 기업 | 1억5000만유로 초과 매출 기업 등 | 모든 물리적 상품 |

| 규제 | 신배터리 규정 | 플라스틱세 |
|---|---|---|
| 내용 | 배터리 가치 사슬 전반에 걸쳐 순환 경제 구축 | 재활용 불가능 플라스틱 제품에 세금 부과 |
| 대상 | 이동식 배터리, 전기차·전기자전거 배터리 등 | 플라스틱 |

자료=한국무역협회

[그림 1-3] EU 환경규제

출처: 조재희(2023.03.07.). 올해만 새 규제 43개… EU發 '환경 장벽'이 몰려온다, 조선일보.

## 5. ESG 영향력

### 1) 영향력과 중요성 증대

ESG 영향력이 점점 더 중요해지고 있으며, 비즈니스 활동은 사회에 긍정적인 영향과 부정적인 영향을 모두 미치고 있다. 부정적인 영향에는 기후변화 및 날씨 관련 사건, 대기 및 수질 오염, 생태계 파괴, 동물 학대, 공급망의 인권 남용, 잠재적으로 안전하지 않은 관행 및 제품에 대한 기여 등이 포함된다. 많은 사람들은 기후변화 및 생물 다양성 손실 등 인간 활동과 관련된 대부분의 부정적인 영향이 악화되고 있다고 생각한다.

## 2) 투자의 표준으로서의 투명성

ESG 정보공개 추세는 투명성을 높이기 위한 꾸준한 움직임을 나타내고, 여러 증권거래소를 포함한 표준 설정 조직은 향상된 ESG 정보 공개를 요구한다.

ESG가 투자의 표준이 되고 있고, ESG 투자가 널리 퍼지고 열렬히 받아들여지고 있다. 공개된 기준은 기업 내부 프로세스를 명확히 이해하는 데 도움이 되고, 착한 ESG 행동을 유도한다. 기업은 '인간과 환경에 좋은 것'이 가치 있다고 생각하기 때문에 ESG 투자를 수용한다.

장기적 성장으로 목표와 수익을 달성하려면 단기적으로 고생을 감수할 만한 가치가 있다고 결정한 것이며, 공정하고, 사회적 책임을 다하고, 환경을 보호하는 것이 임직원과 비즈니스 파트너는 물론 투자자도 실행해야 할 과제로 여겨진다.

## 3) 평판 리스크 위협에 대응

기관에 대한 신뢰와 기존 광고의 힘이 감소함에 따라 조직은 평판이 전략적 자산을 구성하고 ESG 관행에 직·간접적으로 영향을 받을 수 있다는 사실을 깨닫게 되었고, 평판은 선진국의 B2C 기업의 문제로 여겨지지만 모든 시장의 많은 B2B 기업은 공급망 전반에 걸쳐 더 큰 위험과 강화된 투명성 요구 사항의 영향을 받는다.

많은 기업들이 내부적으로 그리고 공급망 사이에서 ESG 요소의 우선순위를 정하고 있고, 이러한 조직은 확장된 기업의 어느 곳에서나 중요한 ESG 이벤트가 평판을 손상시킬 수 있다.

이사회에서 ESG가 무엇인지 모르는 사람은 없거나 소수에 불과하고, 대부분은 ESG를 자주 거론할 것이고, 사실 ESG 전략 계획의 필요성은 날이 갈수록 높아진다. 아무것도 하지 않아도 비용이 늘어나는 것과 마찬가지이다. 고객 정보보호와 보안 문제를 해결하고, 혁신을 위한 직원의 다양성을 조성하는 것에서도 수익을 극대화할 수 있고, 그 밖에 투자자가 국내 기업을 고려하도록 만드는 추가 인센티브를 창출할 수도 있다.

### 4) 임직원의 가치에 부응

임직원들은 본인이 일하는 곳을 자랑스러워하고 그 회사의 목적, 사명 및 문화가 본인의 가치와 일치되기를 원한다. 특히 젊은 전문인력들은 이런 점을 더 중요하게 생각하고, 기업가치 선언문과 경영진의 메시지는 ESG에 부정적인 영향을 미치고 있는 임직원들에게 별 의미가 없을 수 있지만, 유능한 젊은 전문인력을 유치하는데 문제가 발생한다. 훌륭한 ESG 실적과 부정적 ESG 요소가 없으면 특히 젊은 인력이 부족하고 경쟁이 강한 산업과 기업에게는 인재채용에 있어서 장점이다.

### 5) 비즈니스 가치 증대

ESG 문제가 기업에 위험한 이벤트로 나타나는 시기는 오래 걸릴 수 있는데, 기후변화 및 물 부족과 같은 많은 환경 위험은 오랫동안 예상되었지만 다른 위험한 사건이 보다 빠르게 나타난다. 모든 ESG 위험이 장기적인 것은 아니다. 비즈니스 모델, 재료 및 노동 원천, 진화하는 규정 및 이해관계자의 행동에 따라 ESG 문제는 회사의 공급망, 평판 및 주주 가치에 단기적인 위협이 될 수도 있다.

단기 및 장기적인 측면에서 주주 가치에 대한 잠재적인 영향을 고려할 때 경영진은 ESG 위험을 생성하는 모든 요인을 측정하고 이를 해결하는 방법을 개발해야 한다.

ESG 실행은 환경보호에 긍정적인 기능을 한다. 환경 문제를 완화하고 해결책을 제시하여 더 나은 미래를 대비하기 위해 국가와 정부가 중요한 역할을 맡고 있지만, 기업체도 보다 주도적으로 나서야 한다. 기업체는 ESG 변화를 수용하려고 정부 및 공공기관과 협력할 수 있고, 조직적인 변화를 밀어붙여 전 세계에서 이에 상응하는 보상을 받을 수도 있다.

기업체가 ESG 목표를 달성하려면 각 기업의 비즈니스 프로세스가 기후에 미치는 영향과 그것을 해소할 방법을 설명해야 하며, ESG 계획을 실행하려면 단기적으로 기업이 비용을 지불해야 하지만 장기적으로 미래에 주주에게 배당금으로 기여한다.

읽을 거리

## ESG 정착은 우리의 새로운 미래

한광식 한국대학신문(2022.1.18.)

ESG 바람이 4차 산업혁명을 능가할 만큼 강하게 불고 있다. 코로나19가 장기적인 흐름을 보이면서 기후와 환경, 사회적 불평등에 대한 중요성이 대두되면서 우선적으로 기업이 동참할 것을 강하게 요구하고 있다. ESG는 Environmental, Social, Governance의 첫 글자를 딴 약자로 기존의 지속가능경영이나 기업의 사회적 책임(Corporate Social Responsibility, CSR)이 확장된 개념으로 볼 수 있다.

ESG는 과거 기업에서 재무적 성과만을 판단하던 기준에서 벗어나 이제는 환경문제와 사회문제까지도 관심을 가지고 지속가능성(Sustainability)을 제고해야 한다는 경영철학을 담고 있다. 이미 유럽연합이나 미국 등 선진국에서는 기업의 비(非)재무적 성과를 판단하는 기준으로 자리를 잡아가고 있다. 우리나라에서도 2025년부터 자산총액 2조 원 이상의 유가증권시장 상장사는 ESG 공시가 의무화되며 2030년부터는 모든 코스피 상장사로 확대될 전망이다.

2030년까지 국제사회의 최대 공동목표는 인류의 보편적 문제인 △빈곤 △질병 △교육 △성평등 △난민 △분쟁 등을 해결하고 지구 환경문제인 △기후변화 △에너지 △환경오염 △물 △생물다양성 등과 경제 사회문제인 △기술 △주거 △노사 △고용 △생산 소비 △사회구조 △법 △대내·외 경제 등을 해결하는 데 있다. 미국은 조 바이든 대통령이 취임하면서 파리기후협정 재가입과 2050년까지 온실가스 배출량 제로 달성, 2조 달러 신재생에너지 투자 등을 선언했다. ESG는 이제 기업입장에서 단순한 트렌드가 아닌 생존의 문제로 가속화되고 있는 것이다.

ESG의 주요내용을 살펴보면, 우선 Environmental(환경보호) 측면에서는 기후변화, 탄소중립, 환경오염 완화를 위한 자원과 폐기물 관리 그리고 에너지 효율화가 중요한 이슈로 부각되고 있다. 대학 차원의 환경보호 측면에서는 △캠퍼스 내 나무심기 △생활 속 일회용품 줄이기 운동 △업싸이클링(upcycling) △쓰담 달리기 운동 등을 실천할 수 있다.

Social(사회적 책임) 측면에서는 데이터 보호, 인권보장과 성별 그리고 다양성의 고려, 지역사회와의 협력관계 구축에 힘써야 한다. 사회와 얼마나 적절한 관계를 구축하고 있는지가 핵심 사안이다. 이제는 소비자와 투자자가 사회에 유익을 주는 기업에 관심을 보이기 시작했다. 대학 차원의 사회적 책임 측면에서는 △교육봉사 △대학생 농촌일손 돕기 △대학생 동아리 재능기부 △대학생 사랑의 헌혈 캠페인 전개 △대학생·대학 교직원 등을 위한 인권센터 운영 등을 실천할 수 있다.

Governance(지배구조 개선) 측면에서는 투명하고 신뢰도 높은 이사회 구성과 활동, 투명성이 높은 감사제도 운영을 요구하고 있다. 최대한 부패를 방지하고, 기업윤리를 준수함으로써 높은 지배구조 가치를 확보하기 위함이다. 대학 차원의 지배구조 개선 측면에서는 △청렴한 대학문화 조성 △성희롱·성폭력에 대한 인식개선 및 예방교육 △구성원 소통 네트워크 강화 △교직원 공개채용 및 처우개선 등을 실천할 수 있다.

대학은 사회와 국가발전의 중추적 역할을 담당해야 한다. 그래야 미래사회도 지속 발전해 갈 수 있는 것이다. 물론 ESG가 제대로 정착되기 위해서도 대학의 역할은 매우 중요하다. 우리 모두가 환경을 보호하고 사회적 약자를 배려하며 지속가능한 미래를 위해 좀 더 ESG 활동이 활발하게 전개됐으면 좋겠다.

Chapter

02

# ESG 행정

Environmental, Social and Governance

## 1. 국정과제

윤석열 정부의 120대 국정과제 중 ESG 관련 내용은 미디어의 공정성·공공성 확립 및 국민 신뢰 회복, 성장지향형 산업전략 추진, 역동적 혁신성장 위한 금융 및 세제지원 강화, 안심 먹거리, 건강한 생활환경, 과학적인 탄소중립 이행방안 마련으로 녹색경제 전환, 기후위기에 강한 물 환경과 자연 생태계 조성, 미세먼지 걱정 없는 푸른 하늘 및 재활용을 통한 순환경제 활성화 등 8가지이다.

〈표 2-1〉 **ESG 관련 8대 국정과제**

| 항목 | 국정과제 | 실천과제 | 소관부처 |
|---|---|---|---|
| 6 | 미디어의 공정성·공공성 확립 및 국민 신뢰 회복 | 6-1 | 방통위 |
| 17 | 성장지향형 산업전략 추진 | 17-2 | 산업부 |
| 18 | 역동적 혁신성장 위한 금융 및 세제지원 강화 | 18-3 | 기재부<br>금융위 |
| 68 | 안심 먹거리, 건강한 생활환경 | | 식약처<br>환경부 |
| 86 | 과학적인 탄소중립 이행방안 마련으로 녹색경제 전환 | | 환경부<br>국토부 |
| 87 | 기후위기에 강한 물 환경과 자연 생태계 조성 | | 환경부 |
| 88 | 미세먼지 걱정 없는 푸른 하늘 | | 환경부 |
| 89 | 재활용을 통한 순환경제 활성화 | | 환경부 |

## 2. 우리나라 ESG 행정 평가

### 1) 무디스 국가 ESG 평가

무디스는 E(환경), S(사회), G(지배구조) 및 국가신용등급에 대한 ESG 종합적인 영향을 평가한 국가 ESG 평가보고서를 발표(2021.1.18.)하였다. 전 세계 144개국을 평가했으며, 한국, 독일, 스위스 등 11개국이 ESG 신용영향점수(CIS)에서 최고 등급인 1등급을 부여받았다.

한국은 세부 분야별 평가(IPS)에서 '환경' 2등급(중립적), '사회' 2등급(중립적), '지배구조' 1등급(긍정적)을 획득하여, 종합적으로 'ESG 신용영향 점수(CIS)'에서 최고 등급인 1등급(긍정적)으로 평가 받았다.

- 환경: '탄소 전환', '기후변화', '수자원 관리', '폐기물 및 공해', '자연 자본' 등 5가지 세부항목에서 모두 2등급을 부여받아 종합적으로 2등급을 획득하였다.
- 사회: 6가지 세부항목 중 '교육', '보건 및 안전', '기본 서비스 접근성'에서 1등급을 받았으나, 빠른 고령화 등으로 '인구' 등 분야에서 낮은 평가를 받아 종합적으로 2등급을 받았다.
- 지배구조: '제도', '정책 신뢰성 및 효과성', '투명성 및 정보공개', '예산 관리' 등 4가지 세부항목에서 모두 1등급을 받아 종합적으로 최고 등급인 1등급을 획득하였다.

〈표 2-2〉 총 15개 세부 항목

| 분야 | 환경(E): 5개 | 사회(S) :6개 | 지배구조(G): 4개 |
|---|---|---|---|
| 세부 항목 | 탄소 전환 | 인구 | 제도적 구조 |
| | 기후변화 | 노동 및 소득 | 정책 신뢰성 및 효과성 |
| | 수자원 관리 | 교육 | 투명성 및 정보공개 |
| | 폐기물 및 공해 | 주거 | 예산 관리 |
| | 자연 자본(토지, 숲, 생태다양성 등) | 보건 및 안전 | |
| | | 기본 서비스 접근성 | |

출처: Sovereigns – Global Explanatory Comment: New scores depict varied and largely credit-negative impact of ESG factors, Moody's(18 January 2021)

## 2) 지속가능발전(UN SDGs) 평가

제프리삭스 美 컬럼비아대 교수[1]는 UN SDGs 평가에서 한국을 총 165개국 중 28위(2021년 기준)로 평가하였다.

- 우수한 점: 모두를 위한 양질의 교육
- 개선할 점: 성평등·모든 종류의 불평등 해소, 환경의 지속가능성을 높이고 기후 문제 대응, 높은 화석연료 의존 수치(총 전력 발전량 대비 66%)에 대한 탈탄소화 노력, 지구촌 협력 강화 노력
- 위험수준(빨간색): 해양자원의 지속가능성과 토지자원의 환경 지속가능성

1) 세계적 경제학자, 지속가능발전 선구자, 미국 컬럼비아 대학 지구연구소 소장, 지속가능발전 분야 교수, 반기문 UN 사무총장 새천년개발목표 특별자문관역임, 지속가능발전해법네트워크 대표

[그림 2-1] SDGS 성적표

출처: 제프리삭스, 지속가능한 발전, EBS 위대한 수업

# 3. 국내 ESG 행정 현황 및 전망

## 1) ESG 행정 중요성

정부와 지방자치단체 스스로도 ESG 실천을 할 수 있는 방법을 찾아가고, 시민들에게도 ESG 실천 의식을 일깨울 수 있도록 노력해야 기업들도 모든 사회주체들과 함께 한다는 생각으로 더욱 더 실천력을 강화해 나갈 수 있다.

ESG는 기재부와 환경부, 산업부, 중기부 등 일부 부처의 노력만으로 이루어질 수 있는 것은 아니고, 모든 부처, 그리고 중앙과 지방을 망라하여 정부와 지방자치단체가 기업의 ESG 실행을 도와줄 수 있는 여건을 조성하는 노력이 이루어져야 한다.

기업이 ESG 관련 경영 전략과 실행체계를 갖추고, 공급망 실사 대비 체계와 보고서 작성, 공시와 소통체계를 갖출 수 있도록 교육과 안내, 컨설팅 지원 등을 정부와 지자체가 할 수 있는 법적 근거와 조례 제정, 재정세제와 금융 지원 등을 위해 노력해야 한다.

친환경 녹색기술 개발과 신재생에너지 확대에 따른 비용과 부담을 완화할 수 있는 지원체계가 필요하고, 녹색 금융시장을 육성하고, ESG 실천에 따른 규제와 행정절차를 완화함으로써 신속한 기업경영 방식과 민간시장의 체질을 변환시킬 수 있도록 지원해야 한다.

정부와 지방자치단체 스스로도 ESG를 실천해 나가면서 그러한 기업의 애로사항을 가장 잘 알게 되고, 서로 협력할 수 있게 된다.

미래세대를 위한 ESG 실천을 위한 교육과 체험을 통해 더욱 더 단단한 ESG 실천구조를 만들어 가야 한다. 정부와 지방자치단체의 노력을 좀 더 평가지표로 구체화하여 모니터링하고 평가함으로써 빈틈없는 ESG 실천체계가 구축될 수 있다.

일부 외국도시의 경우 지속가능경영보고서를 발간하여 ESG 활동을 공시하고 있다.

### 2) ESG 행정 평가 전망

국정과제 중심으로 ① 기업 ESG 지원과 ② 행정부 자체 실천사항에 대하여 평가될 것이다.

중앙행정기관은 자체평가의 주요정책 부문으로 평가하고, 지방자치단체는 합동평가의 항목으로 평가하며, 평가기준은 120대 국정과제 중 ESG 관련 8대 과제 수행을 위한 총괄추진체계 구축을 목표로 ESG 평가항목을 최소화하여 "ESG 행정 5대 원칙" 중심으로 평가지표를 마련할 전망이다.

[그림 2-2] 토론토시 ESG 보고서

**〈ESG 행정 5대 원칙〉**

- ESG 총괄: 법률/시행령/조례/규칙/가이드라인 등의 제/개정
- ESG 추진체계(Governance) 구축: 위원회·협의회 구성 등
- ESG 전담 조직 구성: 전담 조직, 전담자 선임 등
- ESG 평가 및 모니터링
- ESG 교육 및 전문가 육성

주요 평가 방향성은 ESG 글로벌 이니셔티브의 목표와 가이던스 등을 참조하여 마련될 것이다.

**〈글로벌 기준〉**

- United Nations Sustainable Development Goals(SDGs)
- Global Reporting Initiative(GRI)
- ISO 26000

### (1) 중앙행정기관 평가

ESG 8대 국정과제를 수행하는 부처에 대하여 자체평가의 "주요정책" 부문으로 평가 수행할 수 있다. 성과관리 시행계획의 관리과제에 대하여 평가하는데, 8대 국정과제를 포함시켜 계획단계부터 평가하고, ESG 행정 5대 원칙 중 추진계획, 담당자, 점검 및 평가 체계 등에 대하여 몇 개 항목으로 구성하여 평가할 수 있다.

〈표 2-3〉 **자체평가 항목**

<table>
<tr><th colspan="2">부문</th><th>평가 대상</th><th>총괄기관</th></tr>
<tr><td colspan="2">주요정책</td><td>성과관리 시행계획의 관리과제</td><td>국무조정실</td></tr>
<tr><td rowspan="4">재정<br>사업</td><td>일반재정</td><td>예산, 기금이 투입되는 모든 성과관리 대상 재정사업</td><td>기획재정부</td></tr>
<tr><td>R&D</td><td>전체 정부연구개발 사업 중 3년 평가주기가 도래한 사업</td><td>과학기술정보<br>통신부</td></tr>
<tr><td>재난안전</td><td>재난안전사업</td><td>행정안전부</td></tr>
<tr><td>균형발전</td><td>균형발전 세부사업</td><td>국가균형<br>발전위원회</td></tr>
<tr><td colspan="2">행정관리 역량</td><td>조직·인사·정보화 분야 행정관리 역량</td><td>행정안전부,<br>인사혁신처</td></tr>
</table>

### (2) 지방자치단체 평가

현재 일부 지방자치단체 조례가 입법화되어 있지만, ESG 국정과제 수행을 촉진하기 위하여 "종합평가"로 평가 수행하고, ESG 행정 5대 원칙을 중심으로 몇 개 항목으로 구성하여 평가할 수 있다.

〈표 2-4〉 **합동평가 내용**

| 〈합동평가〉 |
|---|
| 1) 평가 개요<br>가) (평가목적) 국정 주요시책 등의 지방자치단체 추진상황을 평가·환류함으로써 국정의 통합성, 효율성, 책임성 확보 및 지방자치단체 부담 완화<br>나) (평가대상) 17개 시·도(시·군·구 실적 포함)<br>다) (평가주체) 지방자치단체 합동평가위원회 산하 합동평가단<br>2) 평가 방향: 정부 국정목표에 부합하는 국가 주요시책 중심으로 평가 항목구성<br>3) 평가 항목: 2021년도 기준 실적 지표 총 116개 지표 중 108개 지표 |

### (3) 평가 절차

데이터 및 정보 수집 → 자료 분석 → 평가지표 매핑 → 평가 및 등급 책정 → 심사위원단 심의 → 평가 확정 → 대외 공시 등

### (4) 평가 지표(예시)

| 영역 | 진단항목 | 내용 |
|---|---|---|
| ESG 총괄 | • ESG 관련 법률/시행령/조례/규칙/가이드라인 등의 제/개정을 통한 법·제도적 지원<br>• ESG 기본 계획 수립·시행<br>• 글로벌 ESG 트렌드에 대한 대응방안 마련<br>• ESG 경영 지원 관련 책무 인식 및 실천<br>• ESG 실천기업 애로사항 수렴 및 지원 | ESG 관련 법률/시행령/조례/규칙/가이드라인 등의 제/개정을 통하여 기업의 효과적인 ESG 추진을 지원하거나 자체 실천 사항에 대하여 평가 |
| ESG 추진체계 (Governance) 구축 | • ESG 추진과 관련된 거버넌스 구축을 위한 위원회/협의회 구성<br>• 거버넌스 관련 지원 체계 및 시스템 마련<br>• 위원회/협의회 결정사항에 대한 실천방안 마련<br>• ESG 실천에 따른 규제와 행정절차 완화<br>• ESG 경영 지원 협의체 및 협력체계 구축 | ESG 추진과 관련된 거버넌스 구축을 위한 위원회/협의회 구성 등의 내용을 평가 |

| ESG 전담 조직 구성 | • ESG 전담 조직 구성<br>• ESG 업무 전담 인력 선정<br>• ESG 경영 기업에 대한 정부/지자체 조달 지원<br>• ESG 경영 기업 재정지원제도 마련<br>• ESG 경영 기업 세제 지원 | ESG 업무를 담당하는 전담조직을 구성하여 거버넌스 체계에서 구성된 위원회/협의회를 지원하는 사항을 평가 |
|---|---|---|
| ESG 평가 및 모니터링 | • ESG 평가 시스템 마련 및 지원<br>• ESG 모니터링 제도 운영 및 지원<br>• ESG 관련 소통시스템 마련<br>• ESG 관련 신고시스템 구축<br>• ESG 관련 시상제도 운영 | ESG 추진 상황에 대한 평가 및 상시적인 모니터링을 통하여 효과적인 ESG 추진하는 사항을 평가 |
| ESG 교육 및 전문가 육성 | • 일반 시민의 ESG 실천 의식 확대<br>• ESG 경영 촉진을 위한 기업 대상 경영진단 및 전략 수립 지원<br>• 환경, 사회, 지배구조 등 분야별 전문가의 컨설팅 및 법률 상담 지원<br>• ESG 전문가 육성체계 수립 및 지원 | ESG 관련 교육 추진 및 전문가 육성하는 체계를 평가 |

## 2) ESG 기본법 제정 전망

### (1) 목적

민간과 공공, 행정 분야 등 국가 전반의 ESG 추진체계 구축과 실행력을 강화할 수 있도록 하고, EU 등의 ESG 규제에 대응하고 선도적 ESG 추진 활성화를 통한 국제협력 강화 및 글로벌 확산을 위한 목적으로 ESG 기본법 제정이 필요하다.

### (2) ESG 기본법

통합적 ESG 추진체계와 전략, 평가와 모니터링 체계 구축하고, ESG 책임관제, 인력양성체계 등 도입으로 안정적 ESG 실행력 강화하며, ESG 공시, 평가 등 법적 규율이 필요한 사항 수용하고, ESG를 조달·개도국대상 ODA(공적원조)·국고보조·융자사업 등 심사에 반영하며, ESG의 글로벌 확산을 위한 ESG 선도적 구현하는 내용 등이 포함될 것으로 전망한다.

- 지속가능발전기본법(환경부소관, 법률 제17326호) 등과의 관계 정립
  - 지속가능발전기본법, 기후위기대응을 위한 탄소중립·녹색성장 기본법 등
- ESG 활성화 기본전략 등
  - 국가·지역단위 ESG 이행계획 협의·조정
  - 각급 기관의 ESG 추진 상황의 점검
  - 기업의 ESG 경영 지원체계(재정금융지원 근거 포함)
  - ODA, 조달, 공공기관 경영, 공공 개발행위에 적용 및 지원
  - 행정 및 공공기관의 ESG 책임관제 도입
- ESG 평가, 모니터링, 공시와 소통
- ESG 실행을 위한 거버넌스 기구 구성 및 역할과 기능
  - ESG 추진체계와 컨트롤타워 구축
- ESG 교육, 전문인력 양성체계 구축, 홍보 등
- 국내외 협력, 우리나라의 ESG 글로벌 확산 노력
- ESG 민간분야 전문기관 규율체계 확립
  - ESG 평가기관 요건 및 윤리기준
  - ESG 전문가 양성기관, ESG 인증 및 검증기관 요건 설정 등

Chapter

03

# ESG 금융과 투자

Environmental, Social and Governance

# 1. ESG 금융

세계 최대 자산 운용사인 블랙 록(BlackRock)의 래리 핑크(Larry Fink) 최고경영자(CEO)가 2020년 기업 CEO들에게 보낸 서신에서 ESG가 오늘날 투자 지표가 되는 이유를 요약해서 설명하였다. 핑크는 "이미 보았듯이 기후 위기가 발생하는데 비즈니스 리스크와 기후 위기를 떼어놓고 생각할 수 없다"라고 말했고, 그는 한편으로 실제 기준이나 ESG 매트릭스 정보공시 없이 투자액을 바탕으로 주가를 매기는 것은 어렵다고 덧붙였다. 운용자산이 7조 달러에 이르는 블랙 록 같은 기업의 행보를 통해, 기업들은 투자 결정 시 ESG에 투자하는 비용과 투자하지 않았을 때의 비용을 책정하는 방법을 알아내려고 애쓰고 있다.

코로나19 및 경기침체에도 불구하고 ESG에 대한 사회적 관심은 최근 5년 사이에 급격하게 증가하여 금융권은 ESG 펀드 자금으로 ESG를 잘하는 기업에 투자하고 기업은 ESG 채권을 발행하여 사업자금을 조달하여, 2021년 기준 신흥시장 ESG 채권 발행은 2020년 대비 3배 증가하였다.

기업들의 돈줄을 쥐고 있는 ESG 금융을 통하여 모든 투자 및 대출 프로세스에 ESG 평가가 반영이 되는 간접적인 규제형태로 인하여 실질적으로 기업들의 ESG 경영이 활성화되고 있다. 현재 모든 금융 및 투자 심사 절차에는 투자대상에 대한 ESG 평가가 이루어지고 있다고 보면 된다.

## 2. ESG 투자

### 1) 정의

ESG 투자는 기업의 기업활동에 ESG 가치를 반영하고 평가함으로써 비재무적인 부분에 성과를 달성하거나 달성할 목적으로 ESG 경영을 하여 장기투자자들을 모집하고, 기업에 대한 투자자들은 이러한 부분을 반영한 투자를 통하여 기업의 본질적 가치를 추구하여 투자위험을 줄이고, 비재무적 성과뿐만 아니라 전반적인 성과를 장기적으로 낼 수 있도록 하는 것이다.

ESG에 투자가 더해진 'ESG 투자'는 ESG 이슈를 투자 의사결정에 반영하는 것을 의미하며, ESG 요소의 기업 경영에의 반영을 통하여 어떻게 투자금 및 금융자본 활용에 이용할 것인지를 포함한다.

ESG 투자는 책임투자를 행함에 있어서 ESG에 맞는 구체적인 판단기준을 구체화하여 행해지는 투자이며, '책임투자'란 투자대상 기업의 재무적 가치뿐만 아니라, 환경보호 및 사회적 책임의 이행 정도 등을 고려하여 투자 대상을 선정하는 것을 의미한다.

[그림 3-1] **금융기관 ESG 투자**

출처: 김채연, 이상은(2021.5.2.). "기업 몸값 좌우" 스틱, 투자 全과정서 ESG 따진다, 한국경제

## 2) UN PRI

코피아난 前 유엔 사무총장이 2004년 세계 각국 금융회사에 지구 환경과 사회의 지속가능성을 위한 행동에 나서줄 것을 호소하면서 투자 결정 과정에서 ESG 가치를 비중 있게 다루어 달라고 요청하여, 2006년에 ESG 가치가 적용된 '유엔 책임투자 원칙(PRI, Principles for Responsible Investment)'이 정립되었다.

많은 기관 투자자가 여기에 동의하고 서명한 것이 책임투자의 확대 계기이며, 국제적으로 책임투자 흐름이 빨라지고 있다. 2021년 기준 3,826개 글로벌 투자기관이 PRI에 서명하였고, 그 운용자산은 121조 3천억 달러에 달하고 있다.

PRI 6가지 원칙은 이 원칙에 서명한 투자기관이 ESG 투자를 행하는 과정에서 수행해야 하는 절차적인 원칙을 보여주고 있다.

우선, ESG 요소를 투자에 대한 의사결정 과정에 포함하여 ESG 요소 즉 투자 대상 기업의 비재무적인 사항에 대한 판단을 의무적으로 하도록 하고 있다(제1원칙). 또한, 스튜어드십과 같은 수탁자 책임 원칙으로 대변되는 의결권을 행사하거나 투자 대상 기업에 대하여 ESG 요소가 투자 대상 기업에 반영되고 있는지 확인하거나, ESG 요소에 기반한 기업활동을 하도록 요구하는 의결권의 행사에 관한 정책과 활동에 포함하도록 하고 있다(제2원칙). 그리고 투자 대상 기업이 ESG 이슈에 대한 정보를 적절히 공개하도록 투자기관이 투자 대상 기업에 요구함으로써 기업의 비재무적 요소에 대한 투명성 확보를 추구하고 있다(제3원칙). 이러한 원칙들을 단순히 따르겠다고 서명하는 데 그치는 것이 아니라, 전체적인 투자산업에 수용과 실천을 하도록 요구하고 있다(제4원칙). ESG 요소의 투자산업에의 적절한 반영, 즉 ESG 투자가 효율적으로 이루어질 수 있도록 노력해야 하고(제5원칙), 이러한 진행 상황을 투자기관이 적절히 보고함으로써 투자 대상 기업에 ESG 이슈에 대한 정보공개를 요청하는 것에 더하여 ESG 투자에 관한 전반적인 진행 상황을 실천하고 있는지 검토할 수 있도록 하고 있다(제6원칙).

〈표 3-1〉 **유엔 책임투자원칙**

| |
|---|
| 제1원칙: 우리는 ESG 이슈를 투자분석과 의사결정 과정에 통합한다. |
| 제2원칙: 우리는 적극적인 소유주가 되어 ESG 이슈를 소유권 정책과 관행에 통합한다. |
| 제3원칙: 우리는 투자하는 기업이 ESG 이슈에 대해 적절하게 공개하도록 추구한다. |
| 제4원칙: 우리는 투자산업 내에서 원칙의 수용과 실천을 추진한다. |
| 제5원칙: 우리는 원칙을 실행함에 있어 우리의 효율성을 높이기 위해 함께 노력한다. |
| 제6원칙: 우리는 원칙을 실천함에 있어 우리의 활동과 진행 상황에 대하여 보고한다. |

출처: PRI홈페이지(www.unpri.org)

## 3. ESG 채권

ESG 채권은 발행자가 채권 발행을 통해 조달한 자금을 환경, 사회 및 지속가능성 관련 사업에 중점적으로 사용하겠다고 투자자에게 확약하는 특수목적의 채권이다. 이것은 사회책임투자채권, Thematic채권, 사회공헌채권 등으로 부르기도 한다. 채권 발행기관은 발행대금을 환경, 사회 및 지속가능성에 기여하는 프로젝트에 확약하고 그 범위와 사업 선정 등을 미리 정할 수 있다.

국제자본시장협회(ICMA)는 지속가능금융(sustainable finance)에서 녹색채권(green bond), 사회적 채권(social bond), 지속가능채권(sustainability bond), 지속가능연계채권(Sustainability-Linked Bond) 등 4가지로 정의한다.

녹색채권은 신재생에너지 등 친환경 프로젝트나 사회기반시설에 투자할 자금을 마련하기 위해 발행하는 채권이다. 사회적 채권은 사회가치 창출 사업에 투자할 자금을 마련하기 위해 발행하는 채권이다. 지속가능채권은 환경 친화적이고 사회가치를 창출하는 사업에 투자할 자금을 마련하기 위해 발행하는 채권이며, 녹색채권과 사회적 채권의 목적사업을 동시에 갖는 채권이다. 지속가능연계채권은 발행기관이 발행 전에 제시한 ESG 목표 달성 여부에 따라 재무적 특성 혹은 구조적 특성이 바뀔 수 있는 채권으로 미래의 ESG 성과와 연동되는 채권이다.

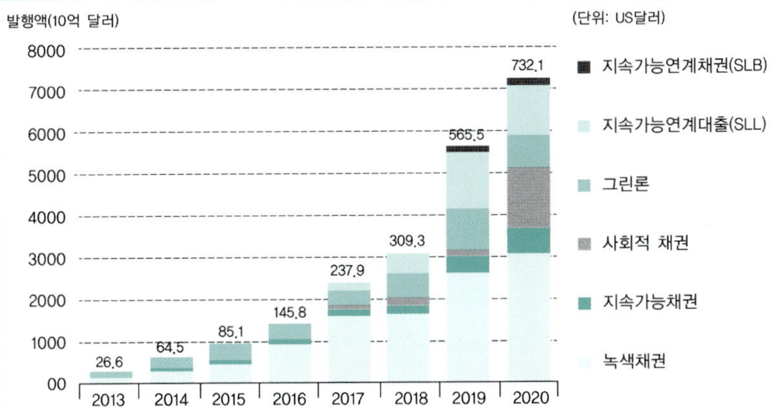


주: 지속가능연계채권(SLB: Sustainability Linked Bond), 지속가능연계대출(SLL: Sustainability Linked Loan), 그린론(Green Loan), 사회적 채권(Social Bonds), 지속가능채권(Sustainability Bonds), 녹색채권(Green Bonds)

[그림 3-2] **글로벌 ESG 채권 및 부채시장 규모 추이**

출처: 한혜원(2021.5.19.). [ESG가 온다] ②세계 ESG 자금시장 규모 829조…2년새 2배로, 연합뉴스

Chapter

04

# ESG 평가와 공시

Environmental, Social and Governance

# 1. ESG 평가

ESG 평가는 ESG 요소에 관하여 기업이 어떻게 반영하고 실현하고 있는지를 객관적으로 판단하는 것을 의미한다. ESG 평가의 핵심은 결국 평가 대상 기업이 ESG 요소를 잘 반영하고 있는지를 어떠한 정보를 어떠한 기준에 따라 평가하느냐 하는 것이다.

많은 투자자들은 ESG 투자를 할 때 투자대상 기업이 ESG 이슈에 어떻게 대처하고 있는지 파악하기 위한 정보로 ESG 평가(직접 평가할 수도 있고, 평가기관의 결과를 활용할 수도 있다)의 결과(점수 혹은 등급)를 참고한다. ESG 평가결과를 보고 투자기업의 ESG 대책과 효과를 쉽게 파악할 수 있기 때문이다.

ESG에 대한 평가는 국내·외 많은 기관들에 의해서 수행되고 있는데, 가장 대표적인 기관으로는 국제적으로 널리 알려진 모건스탠리의 MSCI, 과거 톰슨로이터의 자회사였던 Refinitiv, S&P 글로벌 등이며, 국내 기관으로는 한국ESG기준원, 대신경제연구소, 서스틴베스트가 대표적이며, 각 평가기관마다 정도의 차이는 있지만 대체로 평가하는 방법은 유사하다.

평가절차는 평가 준비, 평가 수행, 등급 부여, 결과 분석 및 등급 조정 이렇게 총 4가지 단계로 진행된다. 먼저 지속가능성 보고서의 내용을 기반으로 기본정보를 평가하고 기업 측에 자료나 설문지 등을 요청하고 경우에 따라서는 직접 만나서 심층면접 등을 수행하며, 이러한 평가 방식은 평가기관의 요청에 기업이 대응하는 식이기 때문에 기업이 얼마나 대응을 잘하느냐에 따라 평가결과가 달라지기도 한다.

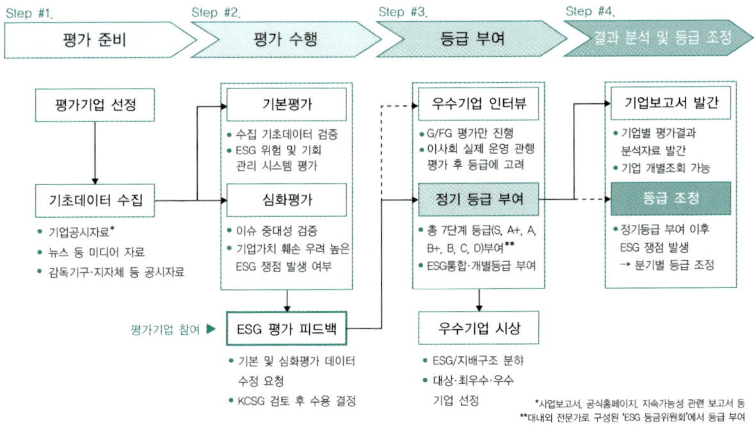


[그림 4-1] ESG평가 절차

출처: KCGS

평가에도 산업별 ESG 요소의 비중은 평가기관마다 다르게 정하고 있다.

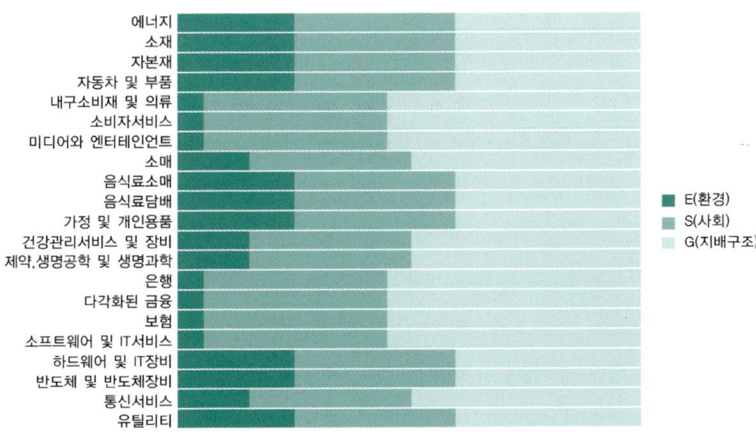


[그림 4-2] 상장사 ESG 평가시 요소별 비중

출처: 서스틴베스트

국제적인 UN PRI에서 활용하고 있는 평가 지표는 다음과 같으며, 많은 글로벌 금융기관들이 채택하여 사용하고 있다.

〈표 4-1〉 **국제평가지표(UN PRI)**

| 〈환경(E)〉 |
|---|
| 3. 환경 |
| 301 원재료 |
| 302 에너지 |
| 303 물과 폐수 |
| 304 생물 다양성 |
| 305 대기로의 배출 |
| 306 폐수 및 폐기물 |
| 307 환경 준수 |
| 308 공급업체의 환경적 평가 |
| 〈사회(S)〉 |
| 2. 경제 |
| 202 시장의 존재 |
| 204 조달 관행 |
| 205 반부패 |
| 206 반경쟁 행위 |
| 4. 사회 |
| 401 고용 |
| 402 노사관계 |
| 403 산업안전 · 보건 |
| 404 연수와 교육 |
| 405 다양성과 기회 균등 |
| 406 차별금지 |
| 407 결사의 자유와 단체교섭 |
| 408 아동노동 |
| 409 강제노동 |
| 410 보안 관행 |
| 411 원주민의 권리 |
| 412 인권 평가 |
| 413 지역 커뮤니티 |
| 414 공급업체에 대한 사회적 평가 |

| |
|---|
| 415 공공정책<br>416 고객의 안전 · 보건<br>417 마케팅 및 라벨링<br>418 고객 개인정보 보호 |
| 〈G(지배구조)〉 |
| 102. 일반 공개사항<br>4. 지배구조<br>102-18 지배구조<br>102-19 권한 위임<br>102-20 경제, 환경 및 사회 항목에 대한 임원 수준의 책임<br>102-21 경제, 환경 및 사회 항목에 관한 이해관계자와의 협의<br>102-22 최고 지배기관 및 위원회 구성<br>102-23 최고 지배기관의 의장<br>102-24 최고 지배기관의 지명 및 선출<br>102-25 이해상충<br>102-26 목적, 가치, 전략 설정의 최고 지배기관의 역할<br>102-27 최고 지배기관의 집단적 지식<br>102-28 최고 지배기관의 능력 평가<br>102-29 경제, 환경 및 사회에 미치는 영향의 특정과 관리<br>102-30 위험 관리 과정의 효과<br>102-31 경제, 환경 및 사회 항목의 검토<br>102-32 지속가능성 보고 관련 최고 지배기관의 역할<br>102-33 중요한 관심사에 대한 소통<br>102-34 중요한 관심사의 성격과 총수(総数)<br>102-35 보상 정책<br>102-36 보상 결정 과정<br>102-37 보수에 관한 이해관계자 참여<br>102-38 연간 보수 총액의 비율<br>102-39 연간 보수 총액 비율의 증가율 |

## 2. ESG 공시

공시규제는 정보 비대칭이 존재하는 자본시장에서 증권의 가치를 결정하는 데 필요한 정보를 투자자들에게 제공하여 자신의 판단과 책임하에 적정한 투자의사 결정을 할 수 있게 하는 데 목적을 두고 있다.

우리나라의 ESG 정보공시는 1단계인 2025년까지 ESG 정보공개를 위한 지침을 마련하고 ESG 자율공시를 활성화하며, 2단계에서는 2025년부터 일정 규모 이상의 코스피 상장사들은 ESG 정보를 의무적으로 공시하여야 하며, 3단계인 2030년부터는 코스피 상장사 전체를 대상으로 공시가 의무화될 예정이다.

| 구분 | '19 | '20 | '21 | '22 | '23 | '24 | '25 | '26 | '27 | '28 | '29 | '30 |
|---|---|---|---|---|---|---|---|---|---|---|---|---|
| 지배구조보고서 (거래소) | 2조 이상 | | | 1조 이상 | | 5천억 이상 | | 전체 | | | | |
| 환경정보 공개 (환경부) | | | 2조 이상 | | | | 5천억 이상 | | | | | 전체 |
| 지속가능보고서 (거래소) | | | | | | | 2조 이상 | | | | | 전체 |

*코스피 상장회사 기준

[그림 4-3] **자산규모별 ESG정보 공개 의무 일정**

출처: 고진경, 상장협 "선제적 ESG 공시 의무화 도입 반대" 매일경제TV(2021.08.23.)

2021년 1월 18일 공개된 한국거래소의 ESG 가이던스에서는 ESG 개념, 정보공개 원칙, 보고서 작성 및 공개 절차에 대한 해설과 함께 주요 정보공개 표준과 정보공개를 위한 권고 지표를 제공하고 있으며, 이 지표에는 12개의 항목과 21개의 세부 지표가 포함되어 있다.

## 1) 보고서 명칭

ESG 보고서의 명칭은 대동소이하나 '지속가능성 보고서'라는 명칭을 사용하며, 재무보고의 경우 사업보고서(연차, 반기, 분기 보고서)라는 커다란 틀 안에 재무제표 등 여러 가지 정형화된 정보들이 보고된다.

사업보고서라고 하는 의무보고와 비교하면 ESG 보고는 아직까지 자율보고사항이며 그 양식과 명칭 또한 보고 주체별로 다소 상이한 부분이 있지만, 최근 국내 대기업의 ESG 보고서를 보면 그 양식이 점차 정형화된 틀을 갖추고 있는 것으로 보이며 기업별로 매우 유사하게 형태를 보이고 있고 이는 2025년 시행 예정인 지속가능성 보고서의 공시의무화에 앞서 기업들이 선제적으로 맞추어가고 있다.

[그림 4-4] ESG 보고서

출처: 대한항공

### 2) 보고 기준

지속가능성 보고서의 보고기준은 국제기준인 GRI 표준이 대표적이라고 볼 수 있으며, 국내외 거의 모든 기업들이 GRI 표준을 지속가능성 보고서 작성기준으로 적용하고 있으므로 유일한 기준이라고도 볼 수 있다.

### 3) 인증 여부

인증 또는 검증은 지속가능성 보고서의 내용이 그 작성기준인 GRI에 부합하는지를 외부전문가가 평가하고 검증에 대한 의견을 제시하는 것이며, 이는 재무보고의 외부회계감사의 기능과 유사하다.

### 4) 외부평가

지속가능성에 대한 외부평가는 사실 지속가능성보고서 자체에 대한 평가는 아니고 기업의 지속가능성에 대한 여러 가지의 평가항목에 대해서 전문적인 외부기관이 평가를 하는 것이다.

Chapter

# 05

# ESG 경영

Environmental, Social and Governance

# 1. ESG 경영

기업이 지속가능성을 확보하기 위해 재무적 가치뿐만 아니라 비재무적 가치를 함께 고려하여 기업경영을 하는 것을 의미한다.

대기업을 포함하여 대기업과 거래하거나 수출하는 중견, 중소기업도 ESG 경영을 추구해야 생존 가능하며, 대기업은 협력회사의 ESG 현황을 조사하여 문제가 있는 업체 거래 종료 또는 개선을 요구하며, 협력회사의 ESG 수준을 지속가능경영보고서를 통해 공개, 협력업체 신규 등록 시 ESG 요소를 포함하여 선정하고, ESG는 선택이 아닌 기업의 생존과 성장의 핵심적인 요소로 부각되고 있다.

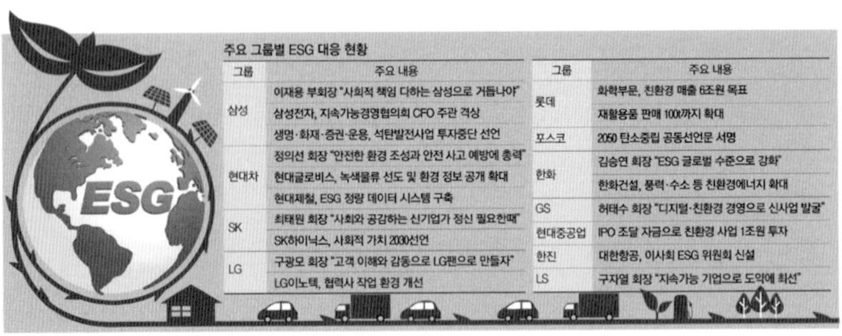


주요 그룹별 ESG 대응 현황

| 그룹 | 주요 내용 |
|---|---|
| 삼성 | 이재용 부회장 "사회적 책임 다하는 삼성으로 거듭나야" |
| | 삼성전자, 지속가능경영협의회 CFO 주관 격상 |
| | 생명·화재·증권·운용, 석탄발전사업 투자중단 선언 |
| 현대차 | 정의선 회장 "안전한 환경 조성과 안전 사고 예방에 총력" |
| | 현대글로비스, 녹색물류 선도 및 환경 정보 공개 확대 |
| | 현대제철, ESG 정량 데이터 시스템 구축 |
| SK | 최태원 회장 "사회와 공감하는 신기업가 정신 필요한때" |
| | SK하이닉스, 사회적 가치 2030선언 |
| LG | 구광모 회장 "고객 이해와 감동으로 LG팬으로 만들자" |
| | LG이노텍, 협력사 작업 환경 개선 |
| 롯데 | 화학부문, 친환경 매출 6조원 목표 |
| | 재활용품 판매 100t까지 확대 |
| 포스코 | 2050 탄소중립 공동선언문 서명 |
| 한화 | 김승연 회장 "ESG 글로벌 수준으로 강화" |
| | 한화건설, 풍력·수소 등 친환경에너지 확대 |
| GS | 허태수 회장 "디지털·친환경 경영으로 신사업 발굴" |
| 현대중공업 | IPO 조달 자금으로 친환경 사업 1조원 투자 |
| 한진 | 대한항공, 이사회 ESG 위원회 신설 |
| LS | 구자열 회장 "지속가능 기업으로 도약에 최선" |

[그림 5-1] **주요 그룹별 대응 현황**

출처: 한우람, 강계만, 최근도, "ESG 경영 선장 CSO 모셔라"…현대重 · 신한금융 '잰걸음', 매일경제(2021.2.2.)

ESG로의 패러다임 변화로 인하여 기업에게 ESG 문제에 대한 전략 방향성이 필요하다. ESG 비전과 목표를 설정하고, 목표달성을 위한 ESG 전략 방향 수립 및 추진과제 도출이 필요하며, 이를 통하여 전략과제 실행을 위한 운영체계를 구축하고 정보공시 등의 체계를 확립하는 작업을 하여야 한다.

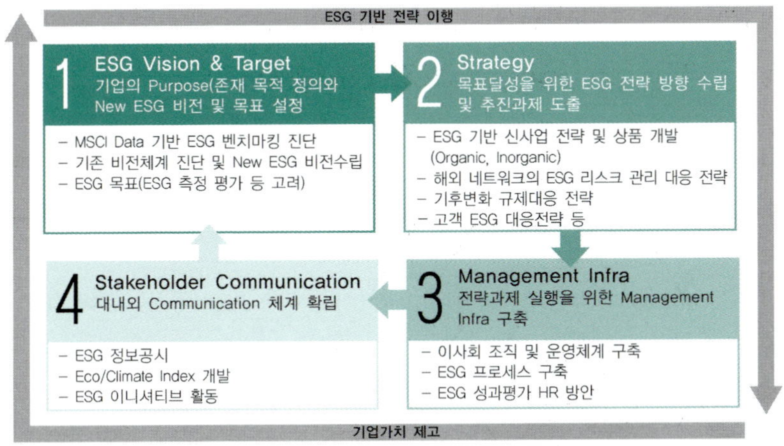


[그림 5-2] ESG 경영체제 구축 프레임워크

출처: KPMG, ESG 부상 기업은 무엇을 준비해야 하는가(2021.2.29.)

## 2. 목적, 가치, 사명, 비전

많은 글로벌 기업들이 ESG 경영을 실천하면서 기존의 목적, 가치, 사명 및 비전을 재정립하는 작업을 수행하고 있다

목적(purpose)은 조직이 존재하는 이유에 대해 내 · 외부 이해관계자의 마음을 가장 먼저 고정시킨다. 가치는 조직의 행동 방식을 설명하며, 조직의 내부 또는 외부 운영 환경 속에서 구체적인 기대 사항과 상호 작용 원칙을 자세히 설명하는 간결하고 핵심적인 중요한 포인트이다. 사명은 조직이 하는 일을 설명하며, 조직

의 매일의 활동을 담아내면서 조직이 속한 비즈니스를 정의한다. 사명 선언문은 이사회가 조직의 모든 주요한 이해관계자들에게 구체적으로 전달하고자 하는 내용을 설정하는 기회를 제공한다. 비전은 조직이 영향을 미치려는 위치이며, 조직이 명시된 목적을 성공적으로 전달하고자 하는 결과를 설명한다.

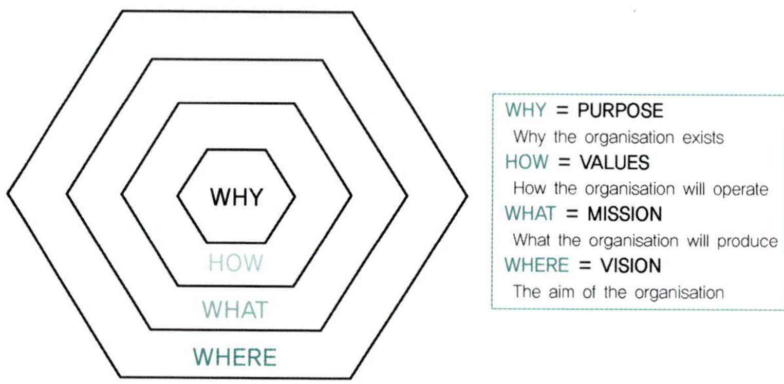


[그림 5-3] **목적, 가치, 사명, 비전**

출처: Enacting Purpose Initiative, Enacting Purpose Within The Modern Corporation: A Framework for Boards of Directors 12-14(2020)

## 3. ESG 전략 실행계획 수립 방안

조직의 상황에 맞는 현실적인 실행과제 도출을 위해 단계별로 ESG 전략 실행계획을 수립한다. ESG 경영 수준 진단, ESG 경영 전략 수립 및 ESG 경영 관리체계 수립 등의 단계별 추진작업이 필요하다.

〈표 5-1〉 **단계별 ESG 전략수립방안**

| 구분 | 내 용 |
| --- | --- |
| ESG 경영 수준 진단 | 1. ESG 동향·타기관 사례 조사 및 주요 평가기준 분석 |
| | 2. ESG 외부 경영환경 및 내부 환경·현황 분석 |
| ESG 경영 전략 수립 | 1. 중장기 ESG 경영 전략 로드맵 수립 및 전략과제 발굴 |
| | 2. ESG 리스크 관리 방안 및 개선방안 마련 |
| ESG 경영 관리체계 수립 | 1. ESG 경영 진단 Tool 개발 |
| | 2. 내부 성과평가 연계 방안 등 경영 관리 방안 마련 |

## 1) ESG 경영 수준 진단

### (1) ESG 경영 환경(외부) 분석 및 벤치마킹

- ESG 관련 글로벌 및 정부정책 및 관련 법률, 제도 도입현황 및 도입계획 분석
- 글로벌 동향 분석: 국가, 글로벌 세계기구의 ESG 관련 정책, 협약, 선언 등 분석
- 글로벌 ESG 도입 현황 및 고도화 사례 분석: ESG 경영 도입 시기, 주요 추진전략, 관련 제도 등 운영 현황

### (2) ESG 동향, 타 기관 사례 조사 및 주요 평가기준 분석

- ESG 관련 국내외 동향 조사: 국내외 ESG 및 유사 개념, 주요 이슈 등 파악
  - CSR, 사회적 가치, 지속가능 경영 등 유사 개념과의 연계성 및 트렌드 변화 비교 분석 등
- 타 기관 사례 조사: ESG 경영 적용 현황 조사

• ESG 국내·외 주요지표 및 평가기준 조사 및 분석

– 국제: ESG 관련 국제표준지표(ISO, GRI 등) 분석

– 국내: ESG 공시항목 등

**(3) ESG 외부 경영환경 및 해당 기업 내부 환경 · 현황 분석**

• ESG 외부 경영환경 분석

– 국내외 ESG 정책 · 언론 동향 등 현황 파악: 민간 부문, 공공 기관 부문 정책 현황, ESG 채권 시장 현황 등

– 기업의 주요 이해관계자 및 관심 사항 파악

• 기업 내부 환경 · 현황 분석

– ESG 경영 추진 관련 한계 요인 등 검토

– ESG 관련 사업 · 사규 등 현황 파악

• 내외부 현황 분석에 따른 문제점 도출

## 2) ESG 경영 전략 수립

**(1) 중장기 ESG 경영 전략 로드맵 수립**

• 내부 환경 · 현황 분석

• 중장기 전략과제를 ESG 경영 기준으로 포트폴리오 재구성, ESG 경영을 위한 맞춤형 전략과제 신규 발굴: ESG 요소별 SWOT 분석을 기초로 ESG 리스크관리 전략 수립 및 세부 Action Plan 등 로드맵 제시

• 중장기 경영목표 설정방안 모색

• 세부 전략과제별 ESG 요소단위(환경/사회/지배구조) 추진 효과

### (2) 중장기 ESG 경영 전략 로드맵 수립 및 전략과제 발굴

- 중장기 ESG 경영 전략 로드맵 수립
  - ESG 비전, 핵심가치 및 경영목표 등 제시: 중장기 경영 전략 계획, 사회적 가치 전략, UN-SDGs 등 연계성을 고려한 경영 전략 제시
- ESG 경영을 위한 사업포트폴리오 개선 방안 도출
  - ESG 경영 모델 실현을 위한 사업포트폴리오 조정안 도출
  - 사업포트폴리오 이행을 위한 내부 통제·관리체계 개선 방안 도출
- 경영 전략과 연계하여 특화된 ESG 전략(핵심)과제 등 발굴
  - 전략과제의 선정 매트릭스(사업영향도, 이해관계자 관심도)를 명확하게 도출

### (3) ESG 리스크 관리방안 및 개선방안 마련

- ESG 리스크 관리방안 마련
  - ESG 요소별 분석을 통한 리스크 관리 전략 수립: 필요시 관리과제 발굴 등 제시
- ESG 리스크 개선방안 마련
  - ESG 리스크 관리방안과 연계한 개선방안 마련

## 3) ESG 경영 관리체계 수립

### (1) ESG 경영 관리체계 개발

- ESG 경영 강화를 위한 조직체계 마련

- ESG 전담조직 운영효과 및 운영방안 제시
- ESG 위원회 구성 및 운영 세부방안 제시

• ESG 로드맵 기반 목표 지표설정 및 내부 성과평가 연계
- ESG 관리지표 도출 및 성과측정을 위한 KPI 설정
- 내부 성과평가 연계방안, 효율적 관리방안 제시

• ESG 경영 수준 수시 점검을 위한 Tool(평가항목 및 기준) 제시
- 기업 자체 개발지수(사회적 가치 구현 지수, 공정상생지수 등)의 활용, 고도화 등을 통해 점검 Tool 마련

### (2) ESG 경영 진단 Tool 개발

• 중장기 ESG 경영 전략과 연계한 진단 체크리스트 제시

• ESG 지표별 세부기준, 평가항목 및 평가기준 등 제시

### (3) ESG 수준진단 및 평가인증

• ESG 경영 성과 및 미흡 분야 진단, 개선방안 제시

• ESG 기관등급 평가: 피드백 사항 반영 이후의 ESG 평가 및 인증(평가등급 부여 등)

### (4) 내부 성과평가 연계방안 등 경영관리 방안 마련

• 중장기 ESG 경영 전략 로드맵에 기반한 지표설정 및 내부 성과평가 연계방안 마련: ESG 관리지표 도출 및 KPI 제시 등

• ESG 경영 내재화 방안 제시: 사규 등 제도 개선(안) 등 제언

읽을 거리

## 정부차원에서 ESG창업 붐(boom) 조성해야

한광식 한국대학신문(2023.6.21.)

ESG 이슈가 뜨겁다. ESG는 Environmental(환경), Social(사회), Governance(지배구조)를 의미한다. 좀 더 자세히 설명하면, 환경 측면에서는 기후변화, 탄소중립, 환경오염 완화를 위한 자원 및 폐기물 관리, 에너지 효율화가 중요한 이슈이며, 사회 측면에서는 소비자와 투자자가 사회에 유익(有益)을 주는 기업에 관심을 보이기 시작하였고, 지배구조 측면에서는 투명하고 신뢰도 높은 이사회 구성과 활동, 투명성이 높은 감사제도 운영을 통해 최대한 부패를 방지하고, 기업윤리를 준수함으로써 높은 지배구조 가치를 확보하기 위함이다.

반면, 당면한 기업, 기관, 정부 측면에서의 ESG경영은 중장기적인 리스크 헤지 경영(Risk Hedge Management)이며, 글로벌적으로는 규제를 동반하고 국가와 금융 그리고 기업에는 압력으로 작용하고 있으며, 디지털 전환과 연계해서 혁신하고 있다. 이런 상황 속에서 새로운 지식을 창출하고, 위험을 감수하면서도 사업화를 추진하거나 사업에 반영하려는 의지와 행동은 국가 차원에서 매우 중요한 일이다. ESG창업도 이중에 하나이다. 특히, 수출 의존도가 높은 우리나라의 경우에 EU에서 법률로 규범화되고 있는 다양한 형태의 ESG 규제 압력은 매우 큰 위협요인으로 작용하고 있다.

이와 관련하여, ESG와 관련된 새로운 사업을 창출하고 있는 국내·외 스타트업을 살펴보면 다음과 같다. 식물성 인공고기 제조로 유명한 미국의 Impossible Foods, 2015년 음식폐기물 감축이라는 문제를 해결하기 위해 설립한 영국의 Olio, 모듈별로 수리 교체가 가능하게 설계한 네덜란드의 Fairphone 등은 우리가 주목해 볼 수 있는 대표적인 기업들이다.

우리나라에서도 대기업을 중심으로 ESG 사내벤처가 확산되고 있다. 삼성전자 사내벤처인 에바(EVAR)는 폐배터리를 회수해서 만든 이동형 전기차 자동 충전 로봇을 개발했다. 에바를 활용하면 충전소를 찾지 않아도 어디서든 손쉽게 충전이 가능하다. 현대차·기아 사내벤처인 마이셀은 버섯 균사를 활용한 식물성 가죽(비건 레더) 사업의 선두주자다. 카본엔 역시 포스코 사내벤처로 포스코제철소에서 발생하는 이산화탄소를 포집해 고순도 액화탄산가스로 만드는 일을 하고 있다. 액화탄산가스는 탄산음료나 드라이아이스, 용접용 가스 원료로 활용된다.

식음료와 패션업계도 친환경 사내벤처를 적극 육성하고 있다. CJ제일제당은 사내벤처 이노백(INNO100)을 통해 푸드 업사이클링과 식물성 대체유 사업화를 추진하고 있다. 푸드 업사이클링은 깨진 쌀, 콩비지 등 식품 부산물을 활용해 제품화함으로써 식품 폐기물을 줄이고 있으며 패키징도 쓰고 버린 페트병을 재활용하고 있다. 식물성 대체유는 현미, 콩 등 식물성 재료로 만든 우유 대체식품이다. 두 제품 모두 친환경, 식물성 등 ESG 및 가치소비 트렌드에 따라 성장 가능성이 매우 클 것으로 기대하고 있다.

결론적으로 우리나라에서 ESG와 관련된 사업영역이 확대되기 위해서는 무엇보다도 혁신적인 사고와 기업가정신이 높아져야 하며, 정부차원에서도 ESG 시민 체감 정책과 ESG창업 붐(boom) 조성과 ESG 이슈에 대한 체계적인 교육과 ESG 지표 및 표준 개발도 함께 병행돼야 한다. 이를 기반으로 ESG와 관련된 표준화, 규제 등에 효과적으로 대비하고, 다양한 아이디어와 기술, 관련 솔루션 개발 등을 통해 ESG 경쟁력이 크게 높아졌으면 좋겠다.

Chapter

# 06

# 아이디어와 창의성

Environmental, Social and Governance

## 1. 아이디어(Idea)

아이디어(Idea)에 대한 사전적 의미를 살펴보면 '특정 상황에서 해야 할 일에 대한 발상'이나 '무엇에 대해 마음속으로 갖게 되는 감'이라고 해석할 수 있다. 아이디어는 인간의 많은 사고영역 중에서 상상력에 가장 많은 영향을 받는다.

물론 판단력이나 추리력, 분석력 등에도 영향을 받지만 아이디어에서 가장 중요한 영역은 상상력과 창의성이다. 상상력은 판단력이나 추리력, 분석력과는 달리 비논리적인 성향과 비존재성이 강한 면이 있다.

### 아이디어맨의 기본사고

① 사고방식을 바꿔라.
② 고정관념을 버려라.
③ 풍부한 상상력을 가져라.
④ 어린아이에게도 배워라.
⑤ 규칙에 얽매이지 마라.
⑥ 비논리도 무시하지 마라.
⑦ 휴식도 생산적으로 하라.
⑧ 곤란한 일도 피하지 마라.
⑨ 실수와 실패를 두려워 마라.

### 1) 아이디어를 이끌어내는 3가지 사고영역

아이디어를 이끌어내는 3가지 사고영역은 수직적 사고, 수평적 사고, 입체적 사고를 들 수 있다. 수직적 사고는 사물을 보고 생각하는 데에 고정관념을 가지고 판단하려는 사고이다. 예를 들어 '책상'을 말하면, 제일 먼저 떠올리는 것이 '공부하는 곳'이라는 고정된 생각으로 사물을 보고 판단하는 사고이다. 이와 달리 수평적 사고는 전통적 고정관념을 탈피하여 사고의 중심을 수평으로 이동하면서 다각적으로 생각하는 사고이다. 또한, 입체적 사고는 [그림 6-1]과 같이 수직적 사고와 수평적 사고를 결합한 사고이다. 따라서 어떤 문제를 해결하고자 할 때 사고의 중심을 입체적 사고로 확장하여 생각하면 보다 유연하고 창의적인 아이디어를 창출할 수 있다.

수직적 사고 + 수직적 사고 = 입체적 사고

[그림 6-1] **입체적 사고**

### 2) 아이디어 발상의 기본원칙

좋은 아이디어를 발상하기 위해서는 발상의 목적과 의도를 명확히 정의해야만 비로소 문제에 대한 해결방법과 목표를 달성할 수 있다. 또한 가능하면 양질의 좋은 정보를 많이 축적해야 하며, 축적된 정보는 목적에 따라 적시에 활용할 수 있어야 한다. 따라서 축적된 정보를 목적에 따라 가공하고 자기만의 자료로 만들어 두어야만 비로소 활용도를 높일 수 있다.

# 2. 창의와 창의성(Creativity)

## 1) 창의

창의는 일반적으로 이제까지 없었던 것을 새롭게 만들어 내는 것으로 정의할 수 있다. 즉, '무(無) 또는 기존의 자료나 지식에서 새로운 것을 발견하고, 새로운 것을 만들고, 산출하는 것'을 의미한다.

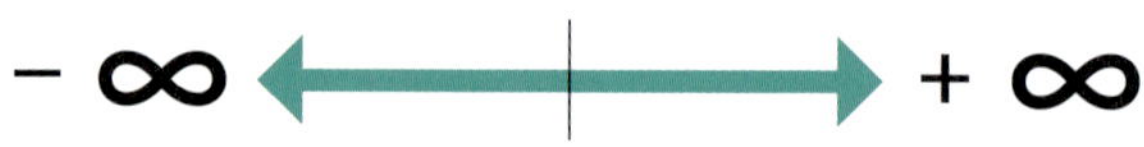

## 2) 창의성(Creativity)

창의성은 Creatio라는 말에서 유래되었으며, Creatio는 '무(無) 또는 기존의 자료나 지식에서 새로운 것을 발견하고, 새로운 것을 만들고, 산출하는 것'을 의미한다. 창의성의 대가 토랜스(E. Paul Torrance)는 창의성을 주어진 문제를 새로운 시각으로 보거나 다른 관점으로 봄으로써 독특하고 새로운 아이디어를 이끌어내는 것이라고 하였다. 즉, 창의성은 아이디어의 씨앗 개념으로 이해할 수 있으며, 다른 관점과 시각으로 끌어낸 창의성 위에 독특성과 신규성의 특성을 부가할 때 독창적인 아이디어로 발전하는 것이다.

창의성은 참신한 아이디어를 개발하고 표현하여 문제를 해결하고 고객의 니즈를 만족시키는 프로세스라고 말할 수 있다. 따라서 창의성은 재능이 아니라, 혁신을 창조하기 위한 목표 지향적 프로세스를 의미한다. 창의성은 [그림 6-2]와 같이 전문지식, 창의적 사고능력, 동기라는 세 가지 구성요소로 이루어져 있다.

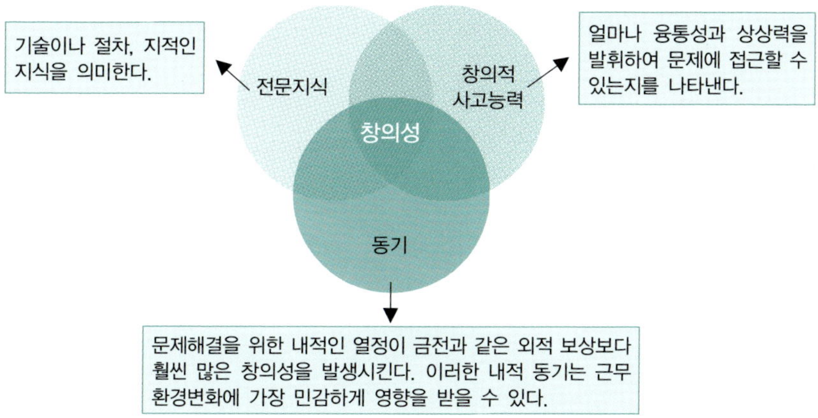


[그림 6-2] **창의성의 3가지 구성요소**

### 3) 창의성과 혁신의 관계

오늘날 창의성은 기업 경쟁력의 중요한 요소이다. 창의성과 관련해서 바이크스랜드(G. Vikesland)는 경영자와 종업원들이 알아야 할 여러 가지 내용들을 제시하고 있는데, 몇 가지만 소개하면 다음과 같다.

- 창의성은 어느 날 갑자기 생기는 것이지 누가 예측하거나 통제되는 것이 아니다. 따라서 창의성이 생길 때를 기다리는 것이 중요하다.
- 창의성은 학력, 나이, 근무기간, 직무와 관련이 없다. 창의적 활동은 크기나 모양에 관계가 없으며, 복잡하면서도 간단하게 일어난다.

- 창의적인 아이디어를 냈다고 해서 부자가 되는 것은 아니다. 스스로 보상을 느끼는 것이며, 창의적 활동에 보낸 시간만큼 만족을 느끼게 된다.
- 창의적인 아이디어는 회사가 정치적인 분위기에 싸여 있거나 관료적 구조에서는 만들어지지 않는다.

반면, 혁신(Innovation)은 더욱 새롭게(to renew) 또는 다시 시작하는(being again)이라는 뜻이며, 멈춰 있는 상황 속에서 새 출발하는(start fresh) 과정으로 이해하면 된다. 피터 드러커(Peter Ferdinand Drucker) 교수는 "혁신이란 기업가의 특수한 도구이며, 색다른 사업을 하거나 보다 나은 서비스의 향유를 위한 과정이다"라고 말했다. 다시 말하면 혁신은 부를 창출하기 위한 새로운 능력을 갖춘 자원들을 얻으려는 행위라고 정의할 수 있다. 새로운 아이디어를 가지고 실행에 옮기는 것은 매우 중요하다. 창의성의 발휘를 위한 특유의 수단이다. 이미 존재하고 있는 자원으로부터 부를 창조하는 잠재력을 새롭게 변화시키는 어떠한 행위도 혁신이라 할 수 있다. 즉, 기술적인 측면 이외에도 서비스, 유통, 종업원의 훈련기준 등 매우 다양하게 적용될 수 있다.

혁신과 관련해서 누가 혁신가(Innovator)인가를 설명하는 하나의 보고서가 있다.

첫째, 혁신가는 아이디어 창출자가 아니라 발견자이다. 혁신가는 새로운 아이디어를 누구보다도 먼저 받아들인다. 더블 클릭(Double Click)의 창업자로 잘 알려진 미국의 벤처기업가 오코너(O'Connor)는 "아이디어는 도처에 널려 있지만, 이를 발견하지 못할 뿐"이라고 말한 바 있다. 그러나 누구보다도 앞장서서 아직 검증되지 않은 새로운 아이디어를 받아들이고 직접 실험에 옮기는 성향을 갖고 있는 사람이 혁신가이다.

둘째, 혁신가는 다양한 실험을 통해 아이디어의 가치를 평가한다. 그렇지만 혁신가가 새로운 아이디어의 잠재적 가치를 한눈에 알아보는 통찰력을 갖고 있는 것은 아니다. 대신에 혁신가는 남보다 앞서서 다양한 실험과 시행착오의 과정을 통해 새로운 아이디어의 전략적 가치, 즉 수익창출 가능성을 이해하게 된다. 혁신가는 "나는 결코 실패해 본 적이 없다. 다만, 전구에 불을 켜지 못하는 1,000가지의 다른 방법들을 개발해 내었을 뿐이다"라는 에디슨(Thomas Edison)의 사고방식으로 무장하고 한 번에 한 가지씩 실험하는 접근방식에 따라 아이디어의 가치를 찾아 나간다.

셋째, 혁신가는 아이디어를 실행에 옮김으로써 가치를 창출한다. 혁신가의 역할 중 가장 두드러진 것은 실행능력이다. 아무리 좋은 아이디어를 먼저 포착하더라도 이를 실행에 옮기지 못하면 아무 소용이 없다. 혁신가의 실행능력은 아이디어를 구체적인 제품이나 서비스, 또는 사업모델로 구현하여 소비자에게 전달함으로써 가치를 창출하는 것이다. 물론 이 과정에서는 재무적·인적 자원은 물론 이해관계자 네트워크의 지지를 획득하는 등의 폭넓은 능력이 요구된다.

## 3. 세상을 변화시킨 6단계 창조전략

데이비드 코드 머레이(David Kord Murray)의 저서 『바로잉』(원제 : Borrowing Brilliance)에서 강조한 세상을 변화시킨 6단계 창조전략, 즉 1단계(정의하라), 2단계(빌려라), 3단계(결합하라), 4단계(숙성시켜라), 5단계(판단하라), 6단계(끌어올려라)를 소개하고자 한다. 바로잉(Borrowing)은 '빌리다'는 의미로, 기존의 것을 빌리거나 모방 하여 낯설지만 한층 더 나은 것을 창조한다는 뜻이다. 이 책에서 저자는 창조와 혁신이 바로 바로잉에서 출발한다고 강조하고 있다.

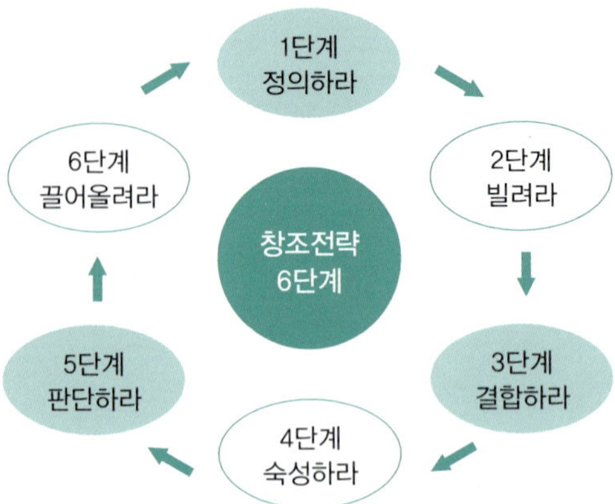


[그림 6-3] 세상을 변화시킨 6단계 창조전략

#### ■ 1단계 : 정의하라(해결하고자 하는 문제를 정의한다)

창의적인 아이디어는 주어진 문제에 대한 해결책이다. 이 문제를 어떻게 정의하느냐에 따라 그 문제를 해결하는 방법이 달라진다. 주어진 문제를 지나치게 좁거나 넓게 정의하면 문제를 해결할 때 실수가 발생한다. 관찰을 비롯한 여러 가지 도구를 사용할 수 있는 한 많은 문제를 정의한 다음에, 높은 차원에서 낮은 차원으로 그 문제들을 분류한다.

■ **2단계 : 빌려라(비슷한 문제를 안고 있는 곳에서 아이디어를 빌린다)**

이렇게 마련한 아이디어들은 찾고자 하는 해결책의 재료다. 문제를 정의한 뒤 비슷한 문제를 안고 있는 영역에서 아이디어를 빌린다. 경쟁자들에게서 출발하여 다른 산업분야로, 더 나아가 기업계를 벗어나 과학계나 예술계 혹은 연예오락계로 확장하여 비슷한 문제를 안고 있는 사람들이 어떻게 문제를 해결하는지를 살핀다.

■ **3단계 : 결합하라(빌린 아이디어를 서로 연결하고 결합한다)**

결합하는 과정은 창의성의 본질적인 특성이다. 2단계에서 빌린 재료를 사용하여 구축 하고자 하는 새로운 아이디어의 구조를 설명할 수 있는 적절한 비유를 찾는다. 비유를 설정함으로써 기존의 아이디어로 새로운 아이디어의 틀을 마련할 수 있다. 설정된 비유가 더는 효과가 없을 때는 미련 없이 버린다.

■ **4단계 : 숙성시켜라(3단계에서 마련한 여러 가지 결합이 해결책으로 바뀔 수 있도록 숙성시킨다)**

의식보다 잠재의식이 더 결합을 잘한다. 따라서 잠재의식에 충분한 시간을 할애한다. 그리고 의식적으로 하는 생각을 잠재운다. 그래야 잠재의식이 하는 말을 들을 수 있다. 이 단계에서는 그냥 잊어버리기, 잠자기, 생각 정지하기, 무심코 잘못 말하거나 잘못 알아들은 내용에 귀 기울이기 등의 도구를 사용할 수 있다. 흔히 가장 효과적인 방법은 전혀 생각을 하지 않는 것이다.

■ **5단계 : 판단하라(마련한 해결책의 강점과 약점을 파악한다)**

판단은 어떤 관점의 결과이며, 직관은 판단의 결과이다. 긍정적인 판단과 부정적인 판단을 동시에 사용하여 당신이 찾아낸 해결책을 분석하고, 아이디어가 가진 강점과 약점이 무엇인지를 파악한다. 이 작업은 창의적인 직관, 즉 강점은 강화되고 약점은 제거된 아이디어로 이어진다.

■ **6단계 : 끌어올려라(강점은 더욱 강화하고 약점은 제거한다)**

아이디어는 시행착오를 통해 조정되고, 진화하며, 알아서 스스로를 조직한다. 아이디어를 조정하기 위해서는 이전의 다섯 단계로 돌아가서 다시 정의하고, 빌리고, 결합하고, 숙성시키고, 판단한다. 이 순서는 아이디어에 따라 얼마든지 달라질 수 있다. 창의적인 과정은 자기조직적이라서 스스로를 창조하기 때문이다.

Chapter

# 07

# 아이디어 발상법

Environmental, Social and Governance

# 1. 아이디어 발상

## 1) 6하 원칙 활용

- Who(누가)
- When(언제)
- Where(어디서)
- Why(왜)
- What(무엇을)
- How(어떻게)

## 2) 아이디어 발상

일상생활 속에서 조금만 관심을 가지고도 활용할 수 있으며 새로운 아이디어를 창출해 내는 데 기본적이면서도 가장 쉽게 접근할 수 있는 기법들이다. 아이디어 발상을 위한 팁은 다음과 같다.

〈표 7-1〉 아이디어 발상 종류

| 종류 | 설명 |
|---|---|
| 묵상법 | 자기 신체 또는 정신에 있어서 가장 편안하고, 자유롭고 조용한 곳에서 격식에 상관없이 혼자서 자유분방하게 상상을 전개하는 방법 |
| 탁상법 | 어떤 연구과제에 대해서 새로운 시안을 떠올리거나, 떠오른 시안을 스케치, 기록, 분류, 대비, 분석하고 발췌된 자료에 의한 또 다른 새로운 발상을 전개하는 방법 |
| 독서법 | • 전문서적 독서법 : 아이디어 발상이나 연구를 주목적으로 하는 독서법<br>• 일반서적 독서법 : 독서도 즐기고 아이디어 발상의 기회로도 이용하는 독서법 |

| | |
|---|---|
| | • 강제연관 독서법 : 어떠한 책이나 단어 또는 사물을 보고 현재 연구 중인 과제와 강제로 연관시켜 생각을 전개하는 독서법 |
| 산책법 | 산책을 통해 긴장을 풀고 무위의 상태에서 떠오르는 영감을 통해 아이디어를 찾는 방법 |
| 침상법 | 수면상태에서 본격적으로 활동하는 잠재의식을 활용하여 아이디어를 끄집어내는 방법 |
| 단어법 | 단어 리스트를 정해 놓고, 이 단어들을 하나하나 체크하면서 연구하는 방법 |
| 여행법 | 여행을 하면서 차나 도보 또는 휴식 중에 아이디어를 찾는 방법 |
| 측상법 | 측상이란 상상 중의 하나로서 용변을 보기 위해 화장실에 앉아 있을 때, 신문이나 잡지책을 보면서 아이디어를 창출하는 방법 |
| 목욕법 | 경직된 육체의 피로를 풀어주고 피의 순환과 신진대사를 활성화시키면서 아이디어를 찾는 방법 |
| 워크법 | 자신의 직업에 대하여 느낌을 받는 것으로서 실제로 자신 앞에 닥치는 불편함을 깨닫는 방법 |
| 레저법 | 자연 속에서 여가를 즐기면서 영감을 얻는 방법 |
| 도락법 | 취미를 철저히 즐김으로써 아이디어를 창출하는 방법 |
| 공작법 | 주로 기구나 제품, 재료 등의 신제품을 개발할 때 이용하는 방법 |

### 3) 창의적 아이디어 발상의 7요소

사물이나 어떤 현상을 볼 때 개방성, 독창성, 민감성, 유창성, 융통성, 정교성, 호기심 등을 적용해 보면 창의적 아이디어를 발상하는 데 많은 도움이 된다.

#### ① 개방성(Openness)

자신의 생각만을 고집하지 않고 다른 사람의 생각도 포용하고 받아들이며 이를 문제 해결과 자신의 변화에 적극적으로 활용하려는 자발적인 성향을 말한다.

② 독창성(Originality)

기존에 나온 것과는 다른 독특한 아이디어를 만드는 능력, 즉 아이디어의 양보다는 질적인 측면을 말하는 것으로 다른 사람을 모방하거나 되풀이하는 것이 아니라 전혀 새로운 것, 자기만의 독창적인 것을 생각하고 만들어 내는 능력을 말한다.

③ 민감성(Sensitivity)

모든 사람들이 당연하게 받아들이는 문제도 다시 한 번 생각해 보고 주변의 환경에 대해 민감한 관심을 보이는 능력, 민감성을 통해 새로운 시각과 새로운 해결책을 찾아 낼 수 있다.

④ 유창성(Fluency)

짧은 시간 내에 많은 아이디어를 생각해 내는 능력으로 단순한 기억력을 의미하는 것이 아니라 관련된 정보와 문제를 곧바로 연계시킬 수 있는 능력을 말한다.

⑤ 융통성(Flexibility)

경직적인 사고방식이나 고정관념을 벗어나 유연한 생각으로 다양한 해결책을 찾아내 는 능력으로 독창적인 사고의 핵심요소이다.

⑥ 정교성(Elaboration)

생각한 아이디어를 잘 다듬고 구체화시켜 정밀하게 발전시켜 나가는 능력으로 최종적인 해결책을 얻기 위한 필수적인 능력을 말한다. 아무리 독창적이고 많은 아이디어라고 하더라도 정교하게 다듬고 불필요한 부분을 제거하는 노력이 필요하다.

⑦ 호기심(Curiosity)

항상 생동감 있게 주변 사물을 바라보고 그것들에 대한 의문을 갖고 끊임없이 질문을 던지는 습관을 말한다.

### 4) 눈에 보이는 발상 포인트

좋은 아이디어를 얻기 위해 무엇부터 시작해야 할지 고민이 된다면 발상 포인트를 점검하고 떠올려 보자. 가장 중요한 것이 무엇인지, 가장 쉽게 할 수 있는 것이 무엇인지 자신에게 맞는 발상 포인트를 점검하고 발상에 적용시킨다.

• 품질을 향상시키는 아이디어

무조건 기발한 것을 만들어 내기보다 기존의 것을 좀 더 효과적으로 발명해 내는 방법을 생각해 본다. 아이디어는 아주 작은 것, 아주 가까운 곳에서부터 시작된다.

• 재료를 절약하는 아이디어

기발한 아이디어가 떠올랐다면 실현이 가능한지 점검해 봐야 한다. 너무 비싸다든지, 구하기 힘든 재료로만 만들 수 있다면 실패할 경우 큰 손해를 입을 수도 있다. 재료를 절약하는 아이디어를 생각해 내면 가짓수에 크게 구애받지 않고 자신의 생각을 표현할 수 있다.

• 시간을 절약하는 아이디어

빠르게 움직이는 현대사회에서 꼭 필요한 것이 무엇일까? 바로 시간을 절약할 수 있는 그 무엇이 될 것이다. 같은 것이라도 더 빠르게 할 수 있고, 더 신속하고 정확하게 할 수 있는 것이 좋다.

• 대인관계를 좋게 하는 아이디어

나 혼자만을 위한 아이디어는 큰 효용을 발휘하지 못한 채 사장될 수 있다. 모두가 느끼고 사용할 수 있는 것일수록 가치는 더욱 높아질 것이다.

• 모양을 바꿔 보는 아이디어

고도의 기술이 없더라도 단순히 디자인만을 바꿔서 성공한 사례도 많다. 주변에 있는 물건에서부터 시작해 보자. 시대가 원하는 디자인이 무엇인지 생각하면서 아이디어를 떠올리면 된다.

• 포장을 아름답게 하는 아이디어

물건을 아름답게 포장하는 것도 하나의 아이디어가 될 수 있다. 물건을 보다 돋보이게 하여 소비자로 하여금 그것을 더 사고 싶도록 유도할 수 있으며, 기발하고 독창적인 포장 기술은 좋은 아이디어가 될 수 있다.

• 값싸게 생산하는 아이디어

같은 물건이라면 적은 금액으로 많이 생산할 수 있다면 만드는 이에게도 사는 이에게도 도움이 될 것이다. 많은 금액으로 위험부

담을 안고 생산하는 것보다 값싸게 생산할 수 있는 아이디어에 대해서도 생각해 보자.

• 광고 방식의 새로운 아이디어

아이디어가 하나의 물건으로 비춰지는 시대는 지났다. 독특한 마케팅으로 성공한 사업가들을 보면 저마다의 광고 방식으로 승부를 본 경우가 많다. 소비자를 자극할 수 있는 독창적인 광고 방식도 새로운 아이디어가 될 수 있다. 이 외에도 서비스의 질을 높이는 아이디어, 새로운 제조기술을 위한 아이디어, 방법을 바꿔 보는 아이디어, 새로운 경영을 위한 아이디어 등 발상 포인트의 종류는 매우 다양하다. 자신이 가장 쉽게 접근할 수 있는 방식을 생각해 보고 아이디어를 떠올릴 때 세상을 바꾸는 기발한 아이디어를 얻을 수 있을 것이다.

## 2. 아이디어 발상법

아이디어 발상법이란 창의력과 상상력을 깨워 좋은 아이디어를 끄집어낼 수 있도록 하는 데 도움이 되는 훈련법이다. 아이디어 발상법은 발명에만 해당되지 않고 각 분야에 고루 이용될 수 있으며, 창의적이고 획기적인 의견을 필요로 할 때 활용하면 더욱 좋은 결과를 얻을 수 있다.

### 1) 속성열거법

속성열거법은 미국 네브래스카대학 교수인 로버트 크로포드(Robert Crawford)에 의해 고안된 것으로 주어진 문제의 속성(모양, 크기, 색깔, 특성 등)을 열거해 봄으로써 기존의 아이디어와는 다른 개념이나 원리를 색다르게 결합하거나 수정해 새로운 아이디어를 산출해 내는 기법이다. 이 기법은 주어진 문제를 명확히 하기 위해서 문제를 재진술한 뒤 문제의 속성을 자세히 열거한다. 그 다음 열거한 속성을 새로운 시각으로 결합하거나 수정해 봄으로써 새로운 아이디어를 생성하고 이를 분석 및 평가해 실천가능성을 판단한다.

### 2) 형태분석법

형태분석법은 캘리포니아 공과대학 교수인 프리츠 즈위키(Fritz Zwicky)에 의해 고안된 것으로 SCAMPER기법과 속성열거법을 입체적으로 조합한 발상법이라고 할 수 있다. 주어진 대상 혹은 문제의 속성을 가로축과 세로축에 열거하여 도표를 만들어 새로운 아이디어를 각 칸에 기록해 보게 하는 방법으로 이른바 행렬기법(Matrix Method)이라고도 불린다. 이 기법은 다양한 측면에서 체계 적으로 아이디어를 생성해 낼 수 있는 장점이 있기 때문에 간과하기 쉬운 아이디어나 해결이 어려울 것 같은 아이디어를 생성하는 데 매우 유익하다.

### 3) 강제결합법

강제결합법은 화이팅(Whiting)이 고안한 것으로 서로 관계가 없어 보이는 사물이나 아이디어를 강제로 연결시켜 봄으로써 새로운 아이디어를 생성하는 기법이다. 이 기법은 더 이상의 아이디어가 생성되지 않는 경우에 사용할 수 있다. 구체적으로는 목록표 작성법, 카탈로그 기법, 임의의 강제결합법 등으로 구분할 수 있다.

목록표 작성법은 해결해야 할 문제와 여러 가지 사물이 기입된 목록표를 만든 뒤 사물을 목적에 맞게 연결시키는 방법이다. 사물은 문제와 가급적 관련성이 없을수록 좋다. 카탈로그 기법은 목록표 작성법과 유사하나 목록표 대신 카탈로그를 제시해 페이지를 무작위로 펼쳐서 나오는 사물을 이용한다는 점이 다르다. 임의의 강제결합법은 문제의 진술이 필요하지는 않으며 무작위로 두 개의 사물을 골라 억지로 연결시켜 생각해 보는 것이다. 특히 강제결합법을 사용할 때는 브레인스토밍법과 마찬가지로 아무리 이상한 아이디어라도 받아들이고 비난하지 말아야 한다.

### 4) 결점·희망점 열거법

결점·희망점 열거법은 어떤 사물에 대한 단점과 희망점을 열거한 다음, 그것으로부터 아이디어를 전개해 나가는 방법이다. 여기서 결점과 희망점은 구체적인 아이디어를 도출하는 데 지렛대의 역할을 한다. 곧바로 브레인스토밍을 하는 것보다는 단점이나 희망점을 열거한 다음, 아이디어를 도출하면 좀 더 창의적인 아이디어를 이끌어낼 수 있다.

### 5) 입출법

일정한 제한조건을 두지 않고 자유롭게 아이디어를 발상하는 기법을 자유연상법이라고 한다. 따라서 브레인스토밍법과 같이 자유분방하게 아이디어를 도출하는 기법도 바로 자유연상법이라고 할 수 있다.

반면, 입출법은 자유연상법과는 달리 제한조건을 제시한 후, 그 범위 안에서만 연상하도록 하는 강제연상 작용을 이용해 아이디어를 내는 기법이다. 이는 최초의 상태(Input)와 최종 결과(Output)를 미리 정한 다음에 실행 아이디어를 전개해 나가는 방법이다.

독일 속담에 “장마가 지면 저축을 한다.”는 말이 있다. 처음에는 이 속담이 어떤 의미를 지니고 있는지 이해가 되지 않을 것이다. 왜냐하면 장마가 지는 것과 저축을 하는 것은 아무런 연관성이 없어 보이기 때문이다. 그런데 이 말을 강제 연상을 통해 살펴보면 다음과 같이 그 의미를 쉽게 이해할 수 있다. 장마가 지면 → 곧 가을이 온다 → 가을이 오면 낙엽이 진다 → 낙엽이 지면 쓸쓸하다 → 쓸쓸 함을 느끼면 인생의 황혼을 생각하게 된다 → 쓸쓸한 황혼을 맞이하지 않기 위해 미리 준비를 한다 → 그래서 저축을 한다고 유추해 낼 수 있다.

## 3. 아이디어 발상법의 종류

어떤 주제에 대한 발상이나 문제를 해결하기 위해서는 기존의 방법이 아닌 다른 방법으로의 접근이 필요할 때가 있다. 이런 경우에 [그림 7-1]과 같은 아이디어 발상법을 활용하면 보다 쉽게 원하는 결과를 도출할 수 있다.

[그림 7-1] 아이디어 발상법의 종류

## IC 01 기존상태 + $\alpha$

- 기존 것에서 발전된 것도 좋은 아이디어이다.
- 작은 한 가지의 차이가 큰 변화를 만들어낸다.
- 아이디어는 체험 속에서 시작된다.

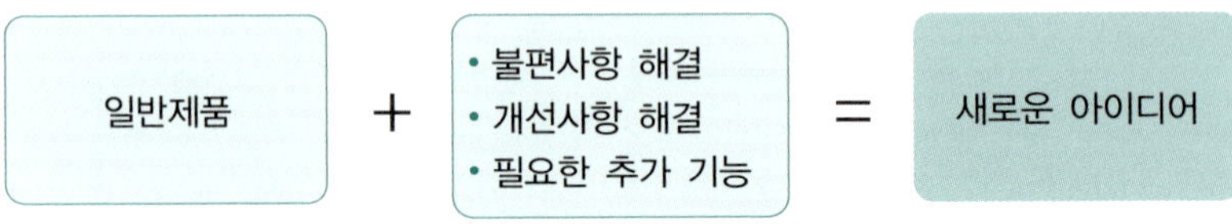


[그림 7-2] 기존 상태+$\alpha$(아이디어 추가)

### ■ 실습 진행방법

S1. 기존 아이디어의 특징과 기능을 기재한다.

S2. 추가하고 싶은 아이디어를 기재한다.

| 구분 | 기존 아이디어 설명 | 추가하고 싶은 아이디어 |
|---|---|---|
| 아이템<br>디자인 | | |
| 기능 1 | | |
| 기능 2 | | |
| 기능 3 | | |

기존 아이디어의 특징과 기능을 기재한다.

추가하고 싶은 아이디어를 기재한다.

[그림 7-3] 기존 상태+$\alpha$(아이디어 추가) 용지 구성의 예

## IC 02 브레인스토밍법(Brainstorming Method)

브레인스토밍법은 어떤 문제의 해결책을 찾거나 창의적 아이디어를 찾기 위해 생각나는 대로 마구 아이디어를 쏟아내는 방법으로 생각주머니 터트리기라고도 한다. 근육이 딱딱하게 굳어 있는 상태에서는 제대로 운동을 할 수 없는 것처럼, 브레인스토밍은 뇌를 유연하게 풀어주는 스트레칭 효과가 있다. 그 외에도 브레인스토밍법에 구조화를 적용하여 효과적인 복습방법으로도 사용하는 등 여러모로 유용하게 사용할 수 있는 기법이다.

브레인스토밍법은 1941년 미국 BBDO 광고회사의 알렉스 오스본(Alex F. Osborn)이 1939년에 창의적으로 문제를 해결하는 방법을 개발하는 과정에서, 직원들이 광고 캠페인에 대한 창의적인 생각을 혼자 고안하지 못하는 것에 대해 실망하고, 이에 대처하기 위해 협동 아이디어 회의를 주최하고 직원들로부터 질적이고 풍부한 아이디어를 끌어내기 위한 개선 방안으로 고안되었다. 이후 학습 도구와 회의 기법 등으로 다양하게 사용되고 있다. 구조화학습법에서는 학습을 위한 준비운동으로서, 기억과 복습을 위한 도구로서 많이 활용된다.

### (1) 특징

- 짧은 시간 내에 방대한 아이디어를 얻기에 적합하다.
- 진행자의 역할이 매우 중요하다. (브레인스토밍법은 누가 진행하느냐에 따라 성과가 좌우된다.)

- 기존의 아이디어를 창의적으로 조합할 수 있는 기회를 가질 수 있다.
- 비판활동을 제한하므로 참여자들 간의 갈등을 줄일 수 있다.
- 한 사람이 한 아이디어를 낼 때 거의 자동적으로 다른 아이디어를 상상하게 되는 연쇄반응이 일어난다.
- 경쟁효과가 있어, 다른 사람보다 하나라도 더 많은 아이디어를 내려고 한다.
- 타인에게 의지하여 진지하게 생각하지 않는 참여자가 나올 수 있다.

### (2) 기본원칙

제안된 어떤 아이디어에 대해서도 비판하거나 평가를 해서는 안 된다.

- 비판엄금 : 어떤 의견이든 간에 비판하지 않는다.
- 자유분방 : 기상천외, 황당무계, 엉뚱한 생각도 환영한다.
- 대량발상 : 의견의 질은 나중에, 우선 양을 추구한다.
- 결합개선 : 타인의 의견에 편승해서 결합하고 개선한다.

### (3) 전개방법

- 주제는 구체적인 것으로 선택한다.
- 참여자 전원의 얼굴이 보이도록 책상과 의자를 배치한다.
- 모조지나 화이트보드 등을 준비한다.
- 분위기를 잘 조성하는 사람을 진행자로 선택한다.
- 발언을 전부 기록하고, 키워드로 요약한다.
- 발상시간은 1시간 정도가 적당하며, 그 이상이 되면 휴식시간을

갖는다.

• 브레인스토밍에 대한 결과 평가는 하루 정도 지나고 나서 실시한다.

### (4) 실습 진행방법

| • 진행자 : 토론 문제를 분석하여 구체적인 문제를 제기하고, 회의 참가자들이 자유롭게 의견을 내놓을 수 있도록 유도한다.<br>• 참가자 : 독창적인 아이디어를 발상하여 의견을 내놓는다.<br>• 심사그룹 : 아이디어를 평가, 검토, 결정한다. |
|---|

S1. 브레인스토밍법을 시작하기 전 진행자 1명과 서기 1명, 그리고 심사그룹을 정한다. 참가자는 6~8명이 적당하다.

S2. 참가자 전원이 서로 얼굴을 볼 수 있도록 자리를 배치하여 앉는다. 진행자는 회의규칙을 참가자에게 다시 한 번 주지시킨다.

S3. 본격적인 회의에 들어가기 전에 워밍업을 통해 두뇌 회전을 유연하게 한다.

S4. 순서를 정하여 한 사람씩 아이디어를 발표한다. 아이디어가 없을 땐 “pass”를 외쳐, 전 참여자가 모두 “pass”를 외칠 때까지 진행한다. 이때 서기는 회의에서 나오는 모든 의견을 기록한다.

S5. 아이디어가 더 이상 나오지 않을 때 회의를 중지한다.

S6. 심사그룹이 회의 때 나온 아이디어를 토대로 정리한 후 발전시킬 수 있거나 실현가능한 아이디어를 채택한다.

### (5) 적용사례

[그림 7-4]는 비오는 날을 주제로 브레인스토밍법을 적용한 것이다.

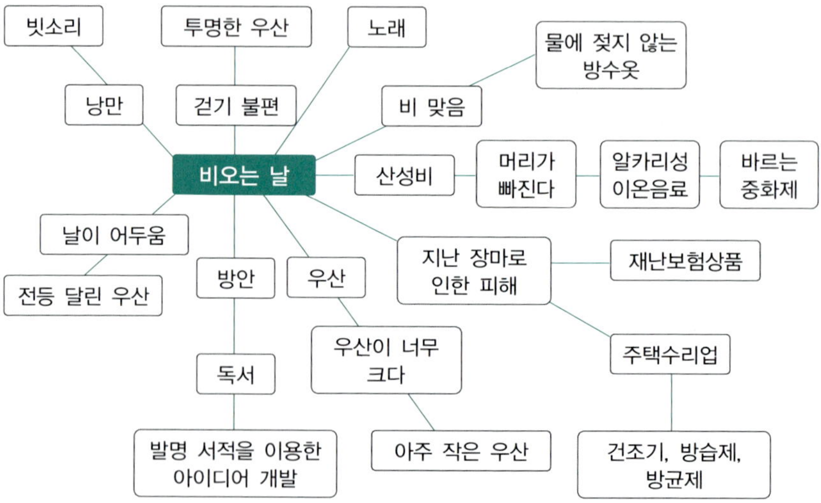


[그림 7-4] **브레인스토밍법 적용사례**

**실습 01** 다음 각각의 제시어를 보고 주어진 시간 동안 떠오르는 생각(단어)들을 최대한 많이 적어보자. (제한시간 : 2분)

| 공부 | 방학 | 음식 |
| --- | --- | --- |
| | | |
| 총 개수: | 총 개수: | 총 개수: |

몇 개를 적었는지 세어서 총 개수를 적어본다. 일상어휘가 제시어로 주어졌을 때 2분 안에 약 30~40개 정도의 단어들을 연상해서 적을 수 있으면 준비운동으로 충분하다. 준비운동 효과 외에도, 브레인스토밍을 통해 일상어휘를 얼마나 다양하게 사용하고 있는지를 점검해 볼 수 있다. '공부'와 같은 제시어를 통해서는 의식적으로 또는 무의식적으로 공부에 대해 가지고 있는 생각과 느낌을 살펴보는 효과도 있다. 브레인스토밍을 단어 위주가 아니라 문장 위주로 하는 모닝페이퍼기법은 창의적인 글쓰기의 훈련방법으로도 유익하다.

**실습 02** '음식'을 주제로 브레인스토밍법을 적용해 보시오.

## IC 03 SCAMPER기법

SCAMPER기법은 미국의 광고회사 BBDO사의 최고경영자였던 오스본(Alex F. Osborn)이 1950년대에 개발한 체크리스트법을 보완하여 1971년에 발전시킨 것으로 사고영역을 일정하게 제시함으로써 구체적인 안이 도출될 수 있도록 유도하는 아이디어 발상법이다. SCAMPER기법의 주요내용은 〈표 7-2〉와 같다.

〈표 7-2〉 SCAMPER기법의 주요내용

| 구분 | 사고형태 | 주요내용 |
|---|---|---|
| S | Substitute(대체하기) | 어떤 것을 대신 사용할 수 있을까? |
| C | Combine(결합하기) | 유사한 것끼리 결합하면 어떨까? |
| A | Adapt(응용하기) | 조건이나 목적에 맞게 수정할 수는 없을까? |
| M | Modify–Magnify–Minify (수정・확대・축소하기) | 색, 모양, 형태 등을 크게, 강하게, 작게, 가볍게 바꿀 수는 없을까? |
| P | Put to other uses (용도 변경하기) | 다른 용도로 사용할 수 없을까? |
| E | Eliminate(제거하기) | 제거할 수는 없을까? |
| R | Rearrange–Reverse (재배치하기・거꾸로하기) | 형식, 순서, 구성을 바꾸거나 거꾸로 할 순 없을까? |

### (1) 적용예시

- Substitute(대체하기) : 쌀을 과자로, 우유를 목욕용품으로, 치약을 얼룩 제거용 약품으로, 청바지를 가방으로, 휘발유를 LPG로 대체 등
- Combine(결합하기) : 핸드폰과 카메라를 결합, 청소기와 물걸레

를 결합, 롤러스케이트와 신발을 결합, 린스와 샴푸의 결합, 에어컨과 공기청정기의 결합 등

- Adapt(응용하기) : 주전자의 원리를 이용한 물뿌리개, 조명램프를 적용한 살균램프, 온도계를 인체에 적용한 체온계, 태양에너지를 이용한 전열판, 햄버거 모양을 본떠 만든 전화기 등
- Modify-Magnify-Minify(수정・확대・축소하기) : 엠보싱화장지, 대형 TV, 대형세탁기, 대형냉장고, 바람개비 원리를 이용한 풍차, 미니휴대폰, 미니컴퓨터, 미니카 등
- Put to other uses(용도 변경하기) : 스타킹을 모내기할 때 착용, 폐타이어로 집짓기, 기차를 카페로 사용
- Eliminate(제거하기) : 날개 없는 선풍기, 필름 없는 카메라(디지털카메라), 칼날 없는 칼(레이저칼), 무선다리미, 씨 없는 수박, 내시경, 3단 접이 우산, 벽걸이형 얇은 TV, 초소형 휴대폰, 오픈카, 노천극장
- Rearrange-Reverse(재배치하기・거꾸로 하기) : 운전석을 왼쪽에서 오른 쪽으로, 페달을 뒤로 밟아도 앞으로 가는 자전거, 병뚜껑이 아래에 있는 화장품 용기, 양말에서 벙어리장갑 창안, 장갑에서 발가락양말 창안, 여름에 겨울상품 세일하기, 옷감을 뒤집어서 만들기

### (2) 실습 진행방법

S1. 아이디어를 창출하기 위하여 참여자를 조직한다.

S2. SCAMPER의 질문을 참여자들에게 하나씩 차례로 보여준

다. 이때 참여자들은 분석해야 하는 주제나 안건 또는 해결할 문제에 대한 지식을 사전에 습득하여야 한다.

S3. 참여자들은 SCAMPER의 각각의 질문에 대해서 토의하여 아이디어를 구상한 다음 모든 질문이 끝나면 자신의 생각들을 기록한다.

### (3) 적용사례

〈표 7-3〉은 새로운 기능의 TV 신제품을 출시하기 위해 SCAMPER 기법을 적용한 것이다.

〈표 7-3〉 SCAMPER기법 적용사례

| 구분 | 사고형태 | 아이디어 |
|---|---|---|
| S | 대체하기 | • TV 화면을 대신해서 모니터, 거울, 창문을 사용한다.<br>• TV를 거실이나 방이 아닌 현관, 부엌, 화장실에 둘 수 있다.<br>• TV의 소재를 유리 소재로 사용할 수 있다. |
| C | 결합하기 | • TV에 카메라 기능을 합칠 수 있다.<br>• TV에 CCTV 기능을 접목하여 외출 시 사용할 수 있다.<br>• TV와 전화기능을 합쳐서 두 가지 기능을 사용할 수 있다. |
| A | 응용하기 | • TV로 시각장애인들에게 책을 읽어 주거나 길을 안내해 준다. |
| M | 수정·확대<br>축소하기 | • 사이즈를 축소하여 휴대하고 다닌다.<br>• TV 사이즈를 자유롭게 늘릴 수 있다.<br>• 색상을 실내장식과 어울리게 자동으로 변화할 수 있다.<br>• 사용하지 않을 때에는 집에서 공간 활용을 넓힐 수 있다. |
| P | 용도<br>변경하기 | • TV를 거울로도 사용한다.<br>• TV를 어항으로도 사용한다.<br>• TV를 컴퓨터 모니터 대신으로 사용한다.<br>• TV를 눕혀서 테이블로 사용한다. |

| | | |
|---|---|---|
| E | 제거하기 | • TV의 사각 틀을 없앤다면 공간과 무게가 줄어든다.<br>• 수동 리모컨 기능을 없애고 음성으로 작동할 수 있다.<br>• 거치대 없이 벽에 붙여서 사용할 수 있다. |
| R | 재배치하기<br>· 거꾸로<br>하기 | • TV로 영상 외에도 냄새와 질감을 느낄 수 있다.<br>• TV를 보면 눈의 피로를 풀어주고 시력을 증강시켜 주는 의료기기로 만든다. |

| | |
|---|---|
| 종합의견 | • 기능 - 카메라, CCTV, 전화, 어항, 거울 등 기능의 강화<br>• 디자인 - 공간과 무게를 줄일 수 있는 방법 모색<br>• 각 팀 기능들에 대해 자료조사 및 기획 |

출처 : (회의 잘하는 방법) 7단계 키워드로 아이디어를 찾는 스캠퍼 기법, 비즈폼 매거진 이용함.

**실습** '우산'을 주제로 SCAMPER기법을 적용해 보시오.

## IC 04 브레인라이팅법(Brainwriting Method)

브레인라이팅법은 홀리겔(Holliger)에 의해 고안된 것으로 다양한 아이디어 발굴과 의견 수렴, 또는 문제해결을 위한 혁신 워크숍 등에서 참여자의 의견을 민주적·효율적으로 집약·정리할 수 있는 매우 유용한 발상기법이다. 브레인 스토밍법과 같이 자유연상에 의한 아이디어 발상법으로 참여자들은 문제에 대한 대화를 나누지 않고 백지에 각자의 아이디어를 기입하는 방법으로 진행되는 것이 유사하지만, 브레인스토밍이 한 사람의 기록자에 의해 아이디어가 기록되었다면 브레인라이팅법은 각자가 정해진 용지에 자신의 아이디어를 차례대로 돌아가며 기록한다는 차이점이 있다.

### (1) 특징

- 브레인라이팅법은 브레인스토밍의 아이디어 조합을 한 장의 종이에 조합시키는 방법이라고 볼 수 있다.
- 참여한 사람들의 상상력과 창의력을 충분히 활용할 수 있다.
- 여러 사람 앞에서 소극적으로 발언하는 사람의 사고력을 최대한 이끌어낼 수 있다.
- 참가자의 다양한 견해를 가감 없이 신속하게 모두 게시판에 집합·전시할 수 있다.
- 문제해결에 대한 참신한 아이디어를 발굴할 수 있다.
- 작성 내용은 익명성이 보장되므로, 회의에서 말하기 어려운 사항

및 조직 내의 감추어진 의견 등이 활발하게 논의될 수 있다.

〈표 7-4〉 **브레인라이팅 용지 구성의 예**

| 해결해야 할 문제 | | | |
|---|---|---|---|
| 이름 | 아이디어 1 | 아이디어 2 | 아이디어 3 |
| | | | |
| | | | |
| | | | |
| 해결책 : | | | |

## (2) 실습 진행방법

S1. 진행자를 정한다. 참가자는 4~6명이 가장 적당하다.

S2. 개개인에게 브레인라이팅 용지를 나눠준다. (여분도 준비해 둔다.)

S3. 용지의 가장 윗줄에 문제 진술을 적은 후, 첫 번째 줄에 아이디어를 각각 3개 정도 기입한다.

S4. 아이디어를 적은 용지를 왼쪽 옆 사람에게 넘긴다.

S5. 각자 앞의 사람이 기입한 첫 번째 줄의 아이디어를 보면서 발전시킨 새로운 아이디어를 두 번째 줄에 써 넣는다.

S6. 마지막 줄까지 같은 작업을 반복한 후 가장 적합한 아이디어를 결정한다.

## (3) 적용 시 유의사항

- 브레인라이팅법은 '침묵의 회의'이기 때문에 회의 분위기가 매우

중요하다. 따라서 진행자는 유머스러운 분위기를 조성해야 한다.

- 진행자는 문제나 주제에 대해서 잘 알고 있어야 하며, 참여자들의 반응을 살펴보고, 적극적으로 참여할 수 있도록 유도한다.
- 진행시간은 가급적 30분을 넘지 않도록 한다.
- 특정한 사람에게 시간이 많이 걸리는 경우에는 진행방법을 변경한다.

## (4) 적용사례

〈표 7-5〉는 '어떻게 하면 비행기를 놓치지 않을 수 있을까?'에 대한 문제를 주제로 브레인라이팅법을 적용한 것이다.

〈표 7-5〉 **브레인라이팅법 적용사례**

| 질문 : 어떻게 하면 비행기를 놓치지 않을 수 있을까? | | | |
|---|---|---|---|
| 이름 | 아이디어 1 | 아이디어 2 | 아이디어 3 |
| A | 알람을 맞춘다. | 택시를 탄다. | 전날 공항근처에서 잔다. |
| B | 알람시계를 끌어안고 잔다.<br>알람을 여러 개 맞춘다. | 택시를 미리 예약한다. | 헬기 조종사를 고용한다. |
| C | 친구들에게 전화해달라고 부탁한다. | 차가 밀릴 수 있으니 지하철을 이용한다. | 아예 공항에서 잔다. |
| D | 심부름업체를 이용해 모닝콜을 부탁한다. | 짐을 들어줄 사람을 따로 고용한다. | 노트북을 들고 가 업무를 하며 공항에서 밤을 샌다. |
| E | 2~3시간 일찍 도착해 카페에서 시간을 보낸다. | 친구에게 같이 가달라고 부탁하고 밥을 산다. | 공항 근처에 시간을 보낼 만한 시설이 있는지 찾아본다. |
| F | 전날 충분히 일찍 잔다. | 다음 비행기를 탄다. | 모닝콜을 수십 명에게 부탁해 놓는다. |
| 해결책 : 항공권 기반으로 공항이나 항공사, 여행사 측에서 알림 서비스를 하거나, 전날 미리 도착하는 승객들을 위해 1박 숙박을 제공한다던가 하는 서비스를 고려할 수 있다 | | | |

**실습** '식당의 고객 확보 계획'을 주제로 브레인라이팅법을 적용해 보시오.

## IC 05 포스트잇 발상법(Post-it Method)

포스트잇 발상법은 우리가 흔히 사용하는 붙이거나 떼서 쓸 수 있는 메모지인 포스트잇을 활용하는 방법이다. 포스트잇의 색상을 몇 종류로 나누어 사용하면 아이디어를 종류별로 분리할 수 있다.

### (1) 특징

- 포스트잇과 펜만 있으면 되므로 진행 절차가 매우 간단하다.
- 포스트잇의 색상에 따라 아이디어 종류를 구분하여 정리할 수 있다.
- 시간과 장소에 구애받지 않고 활용할 수 있다.
- 아이디어를 빠르게 정리하고 구성할 수 있다.

### (2) 효율적으로 포스트잇을 사용하는 방법

- 하나의 포스트잇에 하나의 아이디어만 : 아이디어의 가독성을 높이기 위해서는 하나의 포스트잇에 하나의 아이디어만 넣는다.
- 과감해져라 : 처음으로 포스트잇을 사용하는 사람들은 의외로 포스트잇 사용에 두려움을 느낀다. 빈 포스트잇을 놓고 한참을 망설이거나 한 번 붙인 포스트잇을 좀처럼 버리지 못한다.
- 색상을 활용하라 : 물론 가장 많이 쓰이는 포스트잇은 노란색이지만, 시중에는 수많은 색상들이 나와 있다. 가장 직관적으로 훌륭하게 아이디어를 시각화하기 위해서는 색상이 최소 3가지는 되어야 한다.

### (3) 실습 진행방법

S1. 거리를 걸을 때, 신문이나 잡지를 보다가 문뜩 메모하고 싶은 아이디어가 떠오른다면 포스트잇을 꺼내 바로 메모해 둔다.

S2. 메모해 둔 포스트잇을 주제별로 종이에 붙여 정리한다.

S3. 포스트잇을 붙였다 떼었다 반복하면서 주제를 결정한다.

S4. 이렇게 모인 종이들은 파일용 홀더에 끼워 보존하고 관련된 사진이나 카탈로그 등과 함께 보관한다.

S5. 생활용품, 기계, 전자 등 발명기술 분야에 따라 모은 정보를 재구성한다. 시각적으로 정보를 조합시키는 것이 중요하다.

S6. 이렇게 정리하고 가공한 결과를 내놓는 것이 포스트잇 발상법의 마지막 단계이다.

### (4) 적용사례

[그림 7-5]는 포스트잇 발상법을 적용한 것이다.

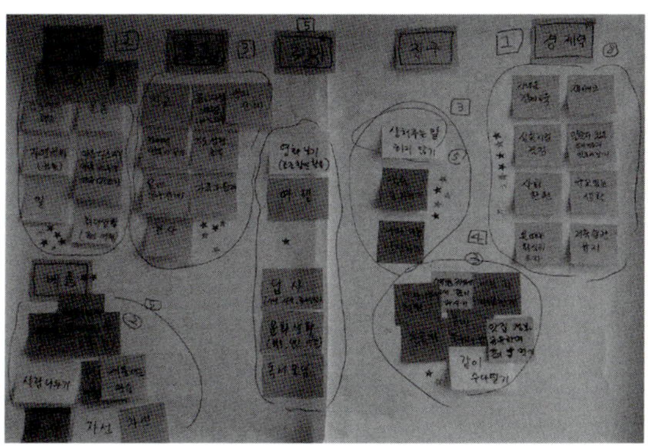

[그림 7-5] **포스트잇 발상법 적용사례**

**실습** '취업'을 주제로 떠오르는 아이디어를 포스트잇 발상법을 적용해 보시오.

읽을 거리

## 쓸모없는 실패가 세계 최고의 제품으로! 3M 포스트잇

1970년 '3M' 중앙연구소 연구원인 스펜서 실버(Spencer Silver)는 잘 붙기도 하고 반대로 잘 떨어지는 접착제를 만들었다. 당시 주변 사람들은 접착제의 본래 기능은 잘 붙어야 하는데 그러지 못한 실버의 새 접착제를 신기하게 여겼지만 결국 쓸모를 찾지 못했다. 사람들은 "붙었다가 떨어지는 접착제를 어디에 씁니까?"라며 이 제품을 실패로 치부하였다. 하지만 실패로 영영 잊힐 뻔했던 실버의 접착제는 같은 회사 테이프 사업부의 아트 프라이(Art Fry)에 의해 새로운 제품으로 탄생하였다.

아트 프라이는 악보책에 메모지가 흘러내리거나 붙인 종이로 인해 책이 찢어지는 것을 보고 고민하던 중, 실버의 제품을 개선하고자 연구를 거듭한 결과 오늘날과 같은 붙였다가도 말끔하게 떼어낼 수 있는 적당한 수준의 접착제를 바른 종잇조각을 개발해냈다.

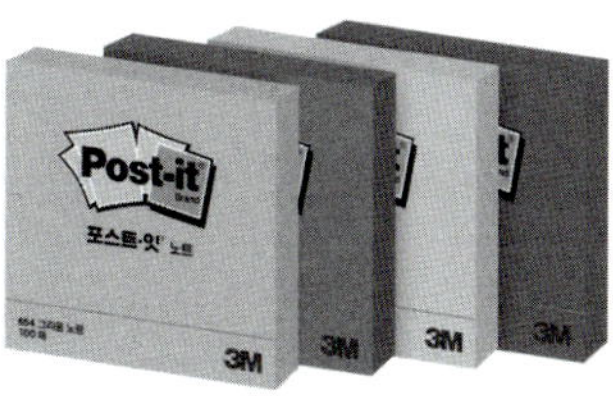


'포스트잇(Post-it)'이라고 명명된 이 제품은 이후 오늘날까지 사무실에서 없어서는 안 될 획기적인 제품이 되었다.

## IC 06 마인드맵(Mind Map)

마인드맵은 영국의 토니 부잔(Tony Buzan)이 1960년대에 두뇌의 특성을 고려하여 만들어낸 것으로 자신의 생각을 지도를 그리듯 이미지화하여 사고력, 창의력, 기억력을 한 단계 높일 수 있는 두뇌개발기법이다. 마인드맵은 핵심단어를 중심으로 거미줄처럼 사고가 파생되고 확장되어 가는 과정을 확인하고, 자신이 알고 있는 것을 동시에 검토하고 고려할 수 있는 일종의 시각화된 브레인스토밍이라고 할 수 있다.

마인드맵을 그리는 방법은 종이와 펜을 이용해 손으로 직접 그리는 방법과 컴퓨터 응용프로그램을 이용하는 방법이 있다. 물론 컴퓨터를 이용하면 빠르고 간단하게 멋진 마인드맵을 그릴 수는 있겠지만 마인드맵을 처음 접하는 사람은 손으로 그리는 것을 추천한다.

마인드맵이 무엇인지를 알려면 20분이면 충분하다. 그러나 마인드맵을 사인펜과 색연필을 이용해 손으로 직접 그린다면 30분 이상이 필요하다. 그리고 마인드맵을 습관화하려면 적어도 15일 이상은 투자해야 한다. 즉, 마인드맵은 아는 것보다 의도적인 노력에 의해 습관으로 만드는 것이 중요한 기술이다.

### (1) 장점

- 두뇌에 숨어 있는 잠재적 가능성을 쉽게 이끌어낼 수 있다.
- 짧은 시간 동안 많은 아이디어를 발상할 수 있다.
- 우뇌, 좌뇌, 두뇌 전체를 활발히 움직이게 한다.

- 창조성과 자발성을 활발하게 함과 동시에 논리적인 순서나 세부 사항에도 관여해 정리 및 체계화를 가능하게 한다.
- 작은 공간에 많은 양의 정보를 표현할 수 있다.
- 요점 정리보다 스스로 즐길 수 있는 특색이 있다. 발전단계에서 보다 풍부한 상상력을 작용하게 하거나 유머를 이끌어내어 생생하게 할 수 있다.
- 유연성(융통성), 유창성, 재구성 능력, 확산적 사고와 논리적 사고력을 기를 수 있다.

### (2) 작성 7원칙

- 종이의 중심에서 시작한다.
- 중심 생각을 나타내기 위해 이미지나 사진을 이용한다. (적어도 3가지 이상의 색깔을 사용한다.)
- 전체적으로 색깔을 사용한다.
- 중심 이미지에서 주가지로 연결한다. 주가지의 끝에서부터 부가지로, 부가지의 끝에서 세부가지를 연결한다.
- 구부리고 흐름 있게 가지를 만든다.
- 각 가지당 하나의 키워드만을 사용한다.
- 전체적으로 이미지를 사용한다.

### (3) 실습 진행방법

S1. 종이를 가로로 길게 놓고, 주제를 선택하여 종이 중앙에 중심 이미지(핵심 주제)를 함축적으로 나타낸다. 이때, 핵심

주제를 다양한 방식(단어, 그림, 기호, 만화, 사진 등)으로 나타내며, 주제는 가장 효과적으로 시각화하면서 상상력을 자극할 수 있는 방법으로 선택한다.

S2. 중심 이미지로부터 연결된 가지(주제)를 색상을 다르게 표시하여 그린다. 이때, 주제별로 가지 위에 핵심 단어 또는 그림, 기호로 나타내며, 이미지와 관련성이 깊은 것만 나타내도록 한다.

S3. 주가지(주제)에서 부가지(부주제)로 뻗어나가게 그린다. 부가지(부주제)는 주가지(주제)를 설명하거나 상세하게 이해할 수 있도록 한다.

S4. 부가지(부주제)에 대한 정보를 더 자세히 보충하도록 세부가지들을 만든다. 세부가지들은 그림, 글자 혹은 그림과 글자의 혼합으로 만들 수 있으며, 머릿속에 떠오르는 모든 것을 기록한다.

### (4) 적용사례

[그림 7-6]은 창의적 교수법을 주제로 마인드맵을 적용한 것이다.

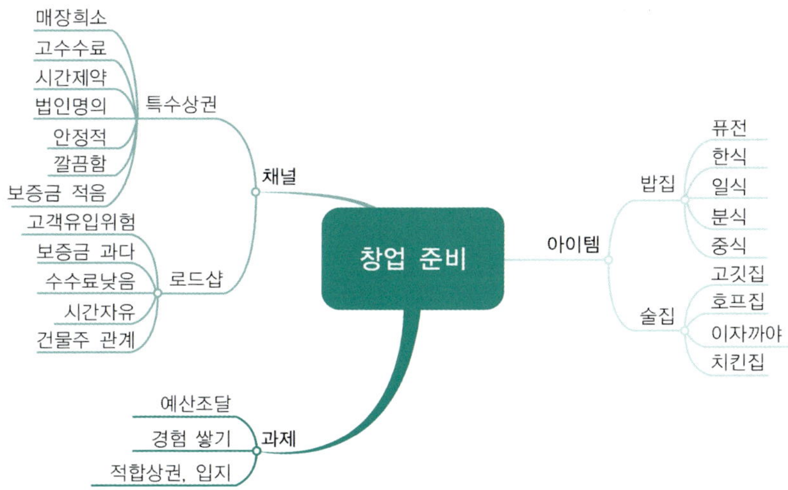


[그림 7-6] **마인드맵 적용사례**

출처: 꿈가을, 외식업 창업 준비사항 마인드맵 정리(창업 아이템, 유통채널, 해결 문제), https://m.blog.naver.com/suggy21/221410392277

## IC 07 5Whys 아이디어 발상법

- 5번의 '왜'라는 질문은 핵심을 찾을 수 있도록 도와준다.
- 보이지 않는 문제점을 찾는 데 탁월하다.

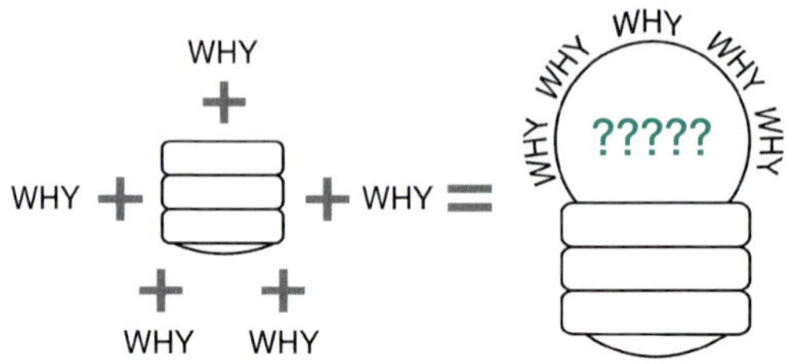


[그림 7-7] 5Whys 아이디어 발상법

■ **실습 진행방법**

S1. 생각한 아이디어를 기재한다.

S2. 이것이 왜 필요한 것인가? 왜 이런 기능을 추가하는 것인가에 대해서 기재한다.

S3. 5번의 질문을 끝내고 최종적으로 정리한다.

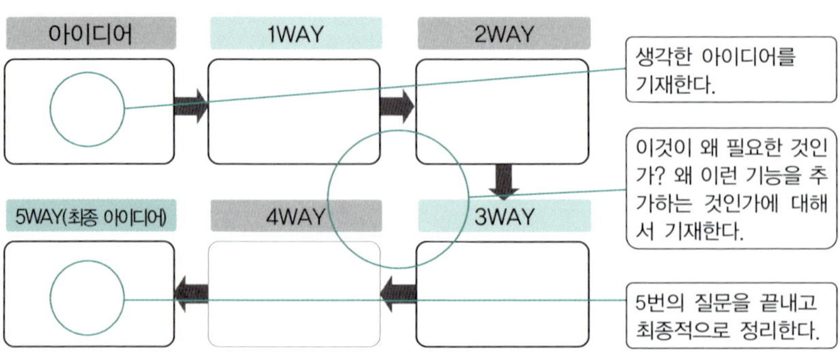


[그림 7-8] 5Whys 아이디어 발상법 용지 구성의 예

## IC 08 역브레인스토밍법(Reverse Brainstorming Method)

브레인스토밍법은 어떤 문제에서 출발하여 그 해결책을 찾아내는 반면, 미국의 핫포인트(Hotpoint)사에서 고안한 역브레인스토밍법은 어떤 상황을 출발점으로 하여 주어진 잠재된 문제점을 찾아감으로써 아이디어들의 단점들을 가능한 많이 고려하는 방법을 생각해 보게 하는 사고기법이다.

역브레인스토밍법에서는 아이디어가 가질 수 있는 약점들을 모두 발견해냄으로써 그 아이디어가 실천될 때 잘못될 수 있는 것이 무엇인지를 사전에 검토할 수 있는 데 중점을 두고 있다. 따라서 역브레인스토밍법에서는 해결해야 할 문제의 방향을 완전히 바꾸어서 새로운 해결책을 찾으므로 현재 잘못 이루어지고 있는 문제를 지적하면서 암시적으로 그 해결책을 찾아가는 방법을 구사할 수 있다는 장점이 있다.

### (1) 실습 진행방법

- 진행자 : 회의 참가자들이 다양한 시각에서 생각할 수 있도록 유도하고, 독특한 아이디어를 장려한다.
- 참가자 : 독창적인 아이디어를 발상하여 의견을 내놓는다.

S1. 해결해야 하는 문제를 먼저 명확히 정의하고 종이에 작성한다.

S2. "어떻게 역효과를 낼까?", "프로젝트를 망치려면 어떻게 해야 할까?", "어떤 방법이 최악의 방법일까?"와 같은 질문을 던진다.

S3. 역브레인스토밍법도 결국 브레인스토밍법이기 때문에 질

보다는 양이다. '최악의 솔루션'을 가능한 많이 기록한다.

S4. 지금까지 나온 아이디어들을 뒤집어라(Reverse). 전부 반대로 바꿔서 원래 해결하려 했던 문제에 적합하게 바꿔보도록 한다.

S5. 도출된 아이디어들을 평가한다.

### (2) 적용사례

'냉장고의 문을 투명하게 만들자'에 대한 아이디어 비판을 역브레인스토밍을 이용하여 도출한 결과이다.

- 냉장고의 속이 지저분하게 보일 것이다.
- 불투명한 문보다 비용이 더 많이 들 것이다.
- 문을 깨끗하게 유지하기가 더 어려울 것이다.
- 문이 깨질 위험이 더 높을 것이다.
- 냉장고의 문을 만드는 기술이 더 요구될 것이다.

**실습** '옥상 위의 물탱크 속에 있는 물을 어떻게 뺄 것인가'를 주제로 역브레인스토밍을 적용해 보시오.

## IC 09 PMI기법(Plus-Minus-Interesting Method)

PMI기법은 1973년 에드워드 드 보노(Edward de Bono)에 의해 고안된 것으로 아이디어의 장·단점을 측정할 수 있어 아이디어 평가에 많이 사용된다. Plus(강점)는 아이디어를 실행했을 때 긍정적인 면을 떠올리는 것이고, Minus(약점)는 부정적인 면을 생각하는 것이다. 또한, Interesting(흥미)은 아이디어의 흥미로운 점을 찾아내는 것이다. 궁극적으로 PMI기법은 제안된 아이디어 중 무엇이 최선책인지를 파악하여 결정하는 방법이다. [그림 7-9]는 PMI기법을 나타낸 것이다.

[그림 7-9] PMI기법

### (1) 실습 진행방법

S1. PMI기법으로 다룰 주제를 선정하고 그것에 대해 기술한다.

S2. 주제가 정해지면 3부분(P, M, I)으로 구분하여 아이디어를 도출한다.

S3. P(Plus)에 해당하는 장점을 더욱 살릴 수 있도록 보완한다.

S4. M(Minus)에 해당하는 점에 대한 원인과 대책을 제시한다.

S5. I(Interesting)에 해당하는 흥미로운 점을 새로운 대안 도출의 원천으로 삼는다.

### (2) 적용 시 유의사항

- 각각의 단계에서 브레인스토밍(brainstorming)을 적용한다.
- 단순히 (P, M, I)의 생각을 나열하는 데 끝나서는 안 되고 각 단계에서 산출된 생각을 바탕으로 종합적인 평가에 이르도록 하는 것이 중요하다.

### (3) 적용사례

〈표 7-6〉은 집중근무시간제 실행에 관한 의견을 주제로 PMI기법을 적용한 것이다.

〈표 7-6〉 **PMI기법 적용사례**

**주제** : 집중근무시간제 실행에 관한 의견

**주제 배경** : 외적인 요인에 의한 업무분산을 방지하고 근무시간 내에 최대한 집중하여 효율을 높일 수 있는 환경을 만들기 위해 업무의 몰입도가 좋은 오전 시간대를 집중 근무 시간제로 지정하여 실시하고자 한다.

| Plus(장점) | Minus(단점) | Interesting(흥미로운 점) |
|---|---|---|
| • 집중근무 시간에는 방해를 받지 않아서 좋다.<br>• 업무 몰입도가 높아진다.<br>• 일하는 분위기가 조정된다.<br>• 일의 우선순위를 정하여 처리할 수 있다. | • 급한 지시나 보고가 필요할 때는 눈치가 보인다.<br>• 개인주의의 느낌이 든다.<br>• 이동이나 말소리가 조심스럽다.<br>• 삭막한 느낌이 든다. | • 업무 몰입도로 야근이 감소할 것이다.<br>• 서로를 배려하는 문화가 형성될 것이다.<br>• 부서의 특징에 따라 효과의 차이가 다를 것이다. |

| | | |
|---|---|---|
| • 시간의 중요성을 알 수 있다. | • 누군가 감시한다는 느낌은 좋지 않다.<br>• 외부업체의 방문시 적용되지 않는다.<br>• 일시적인 실천으로 끝날 수 있다. | • 집중근무제 시간 이후에는 긴 장감이 풀어질 수 있다.<br>• 가장 실천이 우수한 사원에게는 포상을 주는 제도도 함께 진행해 독려할 수 있다. |

| | |
|---|---|
| 종합의견 | • 전반적으로 집중근무 시간제의 실행에는 긍정적이나 부서의 특징에 따라 실행이 달라져야 한다.<br>• 업무의 몰입도나 사내 분위기는 좋아질 수 있으나 집중 시간 이후 긴장감이 풀리지 않도록 해야 한다. |
| 최종결정 | • 집중근무시간제의 실시는 한 달간 전 사원적으로 실시하되 생산부와 같이 특수 부서에서는 제외한다.<br>• 집중근무시간제를 실시하기 전 사원들에게 충분히 사전에 취지와 목표, 실천방향에 대해 설명을 한다.<br>• 모범이 되는 부서에는 포상이 주어지는 제도를 도입하여 집중근무시간제가 단기적이지 않고 회사와 문화가 될 수 있도록 한다. |

출처 : (회의 잘하는 방법) 장점, 단점, 흥미로운 점을 활용한 아이디어 도출, PMI기법, 비즈폼메거진을 이용함.

**실습** '버스 안에 있는 좌석은 모두 치워버려야 한다.'를 주제로 PMI기법을 적용해 보시오.

## IC 10 특성요인도(Cause and Effect diagram)

특성요인도는 용어 그대로 특정 사실의 결과에 각 요인이 어떻게 관계하고, 어떤 영향을 미치고 있는가를 한눈에 알아보기 쉽도록 나타낸 그림으로서 현상 파악이나 문제 개선에 대한 실마리를 얻기 위해 사용되는 기법이다. 특성요인도는 그 모양이 물고기 뼈와 같다고 해서 물고기 뼈 도표(Fishbone Diagram)라고도 부른다.

일반적으로 현장에서 문제를 해결하기 위해 원인을 분석하고자 하면 갖가지 요소가 교차하여 어떤 요소가 어떻게 영향을 미치는지를 분명하게 판단하기가 곤란하다. 이런 경우 특성요인도를 적용하면 서로 요소가 어떻게 관계를 갖는지를 체계적으로 표현하여 원인과 결과의 인과관계를 발견하는 데 있어 매우 효과적이다.

### (1) 장점

특성요인도의 장점을 살펴보면 어떠한 사실의 특성과 요인을 쉽게 알 수 있다.

- 결과에 대한 원인의 관계가 명확
- 문제의 원인 발견이나 대책 수립이 용이
- 세분화 때문에 각각의 관계를 체계적으로 파악 가능
- 문제에 대한 초점이 명확
- 세부적인 문제의 실마리 해결이 용이
- 조사나 실험을 할 때 항목의 선정이 용이
- 특성요인도를 작성하는 그 자체가 논리적인 교육 효과 등

### (2) 실습 진행방법

S1. 문제를 정한다.

S2. 브레인스토밍법을 실시하고 문제요인을 노출하여 문제를 정리하고, 비슷한 내용을 모아서 분류한다.

S3. 문제를 오른쪽에 적고 왼쪽에서 오른쪽으로 굵은 화살표(등뼈)를 기입한다.

S4. 등뼈를 향해 비스듬히 큰 뼈를 붙여 요인을 크게 4개에서 8개 정도로 분류하여 큰 뼈의 위치에 기입한다.

S5. 큰 뼈에 대해 중간 뼈와 작은 뼈를 추가하고 세분화한 요인을 기입해서 완성한다.

S6. 누락된 요인이 없는지 점검하고, 큰 뼈의 요인이 중간 뼈와, 중간 뼈의 요인이 작은 뼈와 인과관계가 확실한지 점검한다.

S7. 중요하다고 생각되는 요인에 표시하는 순서로 진행된다.

### (3) 적용사례

[그림 7-10]은 성적 하락을 주제로 특성요인도를 적용한 것이다.

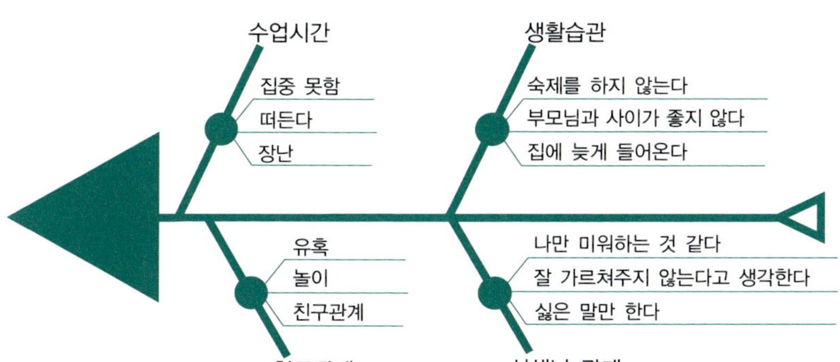


[그림 7-10] **특성요인도 적용사례**

**실습** 항공기 출발지연에 대한 원인을 밝히기 위해 특성요인도를 적용해 보시오.

## IC 11 ALU기법(Advantage Limitation Unique qualities Method)

ALU기법은 아이디어의 대안들을 생산적으로 발전시키는 방법이다. 약점이 많은 대안이라도 다시 생각해 보다 좋은 대안으로 바꿀 수 있도록 한다. 즉, 아이디어의 강점(Advantage), 약점(Limitation), 독특한 특성(Unique qualities)의 첫 단어로 만든 아이디어 평가도구이다. ALU기법은 확산적 아이디어 발상에 서 선택한 주제를 새롭게 만들기 위해서 수렴적 사고의 일반적 규칙을 준수하면서 사고하는 방법이다.

### (1) 일반규칙

부정적인 판단을 피하고, 체계적으로 진행하여야 하며, 늘 새로운 아이디어가 있다는 것을 고려해야 한다. 또한, 아이디어에 대한 수렴과정에서 본래의 방향에서 벗어나지 않도록 주의해야 한다.

- ALU기법은 확산(발산)적 사고기법
- 긍정적 판단과 체계적 수행
- 새로운 아이디어의 고려
- 수렴과정에서 원래 문제방향 유지

### (2) 실습 진행방법

S1. ALU기법으로 다룰 문제를 인식한다.

S2. 아이디어의 강점(Advantage)을 찾는다.

S3. 아이디어의 약점(Limitation)을 찾는다.

S4. 독특한 특성(Unique qualities)을 찾는다.

S5. 아이디어를 평가하고 선택한다.

### (3) 적용사례

〈표 7-7〉은 야구 스포츠 게임을 주제로 ALU기법을 적용한 것이다.

〈표 7-7〉 ALU기법 적용사례

| 주제 | 야구공 대신 배구공으로 바꾸면? |
|---|---|
| 강점(A) | 누구나 쉽게 볼을 칠 수가 있고, 공에 맞아도 아프지 않다. |
| 약점(L) | 홈런을 칠 수가 없다. 공을 던지기가 어렵다. |
| 특성(U) | 남녀노소가 재미있게 즐길 수 있도록 공의 크기를 야구공보다는 크게 하고 농구공보다는 작게 하면 새로운 게임이 된다. |

실습 '환경오염의 해결방법으로 자동차 대신 자전거 이용으로 바꾸면?'이라는 주제로 ALU기법을 적용해 보시오.

## IC 12 연꽃기법

연꽃기법은 일본 크로바경영연구소의 마츠무라 야스오(Matsumura Yasuo)가 고안한 것으로 구조화된 아이디어를 생성하도록 하는 기법으로 이름의 이니셜을 따서 MY기법이라고도 한다. 연꽃기법은 아이디어나 문제해결의 대안을 다양한 측면에서 얻기 위해 활용되며 주로 기존의 기술이나 제품을 응용하여 새로운 방법을 찾으려고 할 경우나 미래 시나리오(scenario)를 가상으로 만들어 내려고 할 때 적용하면 매우 유용하다.

### (1) 장점

- 기존 기술이나 제품을 응용하는 새로운 방법을 찾거나, 독창적인 아이디어가 많이 표출될 수 있도록 돕는 데 유용하다.
- 토론하는 과정을 통하여 상호작용을 통한 협동적인 학습을 할 수 있으며, 표현 능력, 추론 능력을 키울 수 있어 학습 참여도를 높일 수 있다.
- 미래 시나리오를 가상으로 만들어 내려고 할 때 유용하게 쓰일 수 있다.

### (2) 실습 진행방법

S1. 연꽃기법의 양식은 3×3칸으로 된 사각형을 중심으로 주변에 같은 모양의 사각형이 8개 구성된 모양이다.

S2. 중앙에 있는 사각형의 가운데에 해결하고자 하는 문제나

중심주제를 적는다.

S3. 중심에 쓰인 문제나 주제를 해결하기 위하여 생각하는 방향이나 다양한 관점을 중심주제 주변에 기록한다(A~H까지 8개 영역).

S4. 중심주제에 대한 하위 아이디어가 다시 주변에 있는 8개 사각형의 중심 주제가 된다.

S5. 8개의 하위 주제에 대하여 8개씩 아이디어를 생각해 내어 칸을 채워나간다.

S6. S1~S5의 활동이 끝나면 가운데 있는 중심주제를 해결하기 위하여 최선의 대안을 작성해 나간다. 각각의 하위 주제에 대한 적절한 아이디어를 서로 조합하여 새로운 최선의 대안을 조합하여 새로운 아이디어를 창출한다.

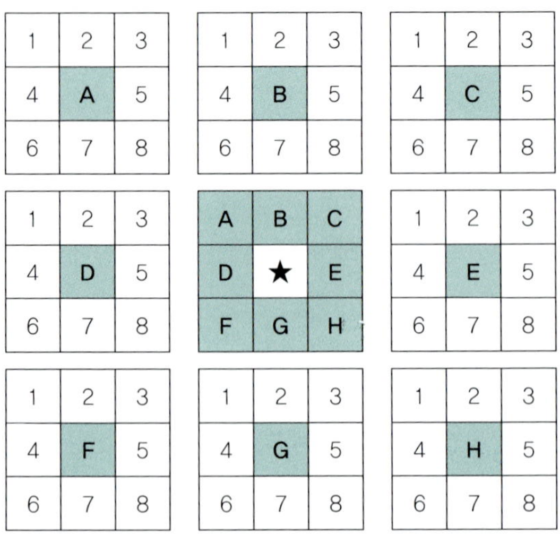


[그림 7-11] 연꽃기법

## (3) 적용 시 유의사항

- 브레인스토밍법의 4가지 규칙을 기본으로 한다.
- 상호 작용이 잘 일어나도록 한다.
  - 기본규칙 및 절차를 잘 따른다.
  - 진행자와 기록자 등의 역할을 잘 지킨다.
  - 서로 밀접한 상호작용이 잘 일어났는지 확인하고 개선한다.

## (4) 적용사례

[그림 7-12]는 핸드폰을 주제로 연꽃기법을 적용한 것이다.

| 아파트 | 새끼 손가락 | 책 | 무지개 | 파스텔 | 투명 | 파도 | 유리 깨지는 | db |
|---|---|---|---|---|---|---|---|---|
| 발 | 크기 | 개미 | 공작새 | 색상 | 피부색 | 발자국 | 소리 | 소음 |
| TV | 코끼리 | 가방 | 기분에 따라 변하는 | 온도에 따라 변하는 | 보호색 | 목 | 뻐꾸기 | 자연의 |
| 사람 | 조립으로 변형가능한 | 지갑 | 크기 | 색상 | 소리 | 퍼즐 | 원터치 | 천 느낌이 나는 |
| 원통 | 모양 | 우산 | 모양 | 핸드폰 | 버튼 | 음성 인식 | 버튼 | 꽃 모양 |
| 발 | 입술 | 다달이 변하는 | 액세서리 | 화면 | 배터리 | 향기가 나는 | 탈부착 가능한 | 노래 부르는 |
| 선풍기 | 발광 | 인형 | 입체 | 화상 | LCD | 급속충전 | 충전 | 건전지 |
| 얼굴 | 액세서리 | 우산 | 모니터 | 화면 | 컬러 | 밥 | 배터리 | 사랑 |
| 낙하산 | 도난방지 경보기 | 날개 | 보호기 | 필름 | 흑백 | 자동차 | 기름 | 교환 |

출처 : 〈생각이 자라는 교실〉 연꽃기법. 부산일보, 2004.7.30. 기사 인용.

[그림 7-12] 연꽃기법 적용사례

## IC 13 고든법(Gordon Method)

고든법은 미국의 고든(William J. J. Gordon)에 의해서 고안된 것으로 주어진 주제를 진행자만 알고 나머지 사람들은 모르는 채로 진행자의 진행에 따라 마음껏 생각하는 방법이다. 보통의 사람들은 아이디어를 발전시킬 때 관념적이고 습관적인 틀을 벗어나기 어려운데, 이 방법으로 진행하면 새롭고 다양한 아이디어가 생성될 수 있다. 고든법은 앞서 설명한 브레인스토밍법과 마찬가지로 집단적으로 발상을 전개하는 대표적인 방법 중의 하나이다.

### (1) 특징

- 문제를 구상화시켜서 무엇이 진정한 문제인지 모르는 상태에서 출발하며 참가자들에게 그것에 관련된 정보를 탐색하게 한다.
- 주제와 전혀 관계없는 사실로부터 발상을 시작해서 문제해결로 몰입하게 만든다. 이 과정에서 아주 기발한 아이디어가 떠오르는 경험을 할 수 있다.
- 추상의 폭을 넓혀 주제를 설정한다면 생각하는 사람의 사고는 폭넓게 퍼져 구체적인 문제를 생각할 경우보다 상상하지 못했던 다양한 아이디어가 도출될 수 있다.
- 주어진 주제가 추상적이기 때문에 나오는 아이디어들이 다소 예측과 빗나가는 경우도 있지만 진행자는 그것들을 실제 주제와 결합시켜 회의 중이라도 항상 검토하고 있어야 한다.
- 진행자는 회의를 진행하는 중에 주제를 좁히고, 회의가 끝날 무

렵에 주제를 제시하는 방법이다.

### (2) 실습 진행방법

S1. 진행자만 주제를 알고 있는 상태에서 자유롭게 발언할 수 있는 분위기를 만든다.

S2. 참가자들은 진행자가 제시한 테마에 대해 자유롭게 아이디어를 이야기한다.

S3. 진행자는 좋은 아이디어가 나와 문제해결에 가까워질 때까지 주제를 알리지 않는다.

S4. 문제해결에 가까운 아이디어가 나오기 시작하면 진행자는 주제를 알려준다.

S5. 참가자들은 지금까지 낸 아이디어를 토대로 유용한 아이디어를 형성해 간다.

S6. 선택된 아이디어를 채택하여 문제를 해결한다.

### (3) 적용 시 유의사항

- 본래 문제와 상위 레벨 문제 간의 간격이 지나치게 큰 경우에는 아이디어의 참신성은 높아지지만 실행 가능성은 낮아질 수 있다.
- 반면 본래 문제와 상위 레벨 문제 간의 간격이 가까우면 가까울수록 실행 가능성은 높아지지만 아이디어의 질은 떨어질 수 있다.
- 전체 진행 시간은 가급적 3시간을 넘지 않도록 한다.

### (4) 적용사례

〈표 7-8〉은 어떻게 하면 TV 운송 코스트(Cost)를 줄일 수 있을까에 대한 해 결안을 주제로 고든법을 적용한 것이다.

〈표 7-8〉 **고든법 적용사례**

| No | 단계별 | 주요내용 |
|---|---|---|
| 1 | 과제나 문제의 정리 /이해(원 문제) | 어떻게 하면 TV 운송 코스트(Cost)를 줄일 수 있을까? (진행자만 알고 있음) |
| 2 | Key Word 선정 | 운송, Cost |
| 3 | 상위레벨 도출 | 운송 → 보낸다 → 송부한다 |
| 4 | 상위레벨 문제 제시 | 어떻게 하면 잘 보낼 수 있을까? (TV 운송은 생각하지 않음) |
| 5 | 아이디어 도출 | 강물에 띄어 보낸다. 초고속 전투기에 실어 보낸다. 콜밴을 이용한다. 자전거를 이용한다 등 |
| 6 | 원 문제(과제) | 어떻게 하면 TV 운송 코스트(Cost)를 줄일 수 있을까? (모두에게 공개) |
| 7 | 아이디어 평가 | 평가기준에 의거하여 도출된 아이디어를 평가 (채택 : 강물에 띄어 보낸다) |
| 8 | 실현 가능성 논의 | 채택된 아이디어에 대한 실행방안을 구체화함 |

출처 : 박봉수(2015). 잠자는 창의력을 깨워라. 호이테북스. p.336.

## IC 14 육색사고모자기법(Six Thinking Hats Method)

육색사고모자기법은 브레인스토밍(brainstorming)이 끝난 뒤 아이디어를 평가하는 데 널리 사용되고 있는 방법으로 수평적 사고를 통한 창의성 신장을 주장한 영국의 심리학자 에드워드 드 보노(Edward de Bono)에 의해 고안된 기법이다. 비교적 단순하지만 논쟁에서 벗어나 생산적인 토론을 유도할 수 있어 유용하다. 육색사고모자기법은 모자의 색깔에 따라 사고유형을 달리해 생각할 수 있도록 한 것으로 모자의 색깔에 따른 사고유형은 〈표 7-9〉와 같다.

육색사고모자기법은 한 번에 하나의 모자만 사용하되 모든 모자를 다 사용해 생각하도록 하며, 긍정적인 사고를 한 뒤 비판적으로 평가를 할 수 있도록 황색 모자를 먼저 사용한 뒤 흑색모자를 사용한다. 필요에 따라서는 똑같은 모자를 여러 번 사용할 수도 있으며 아이디어 생성을 위해서는 백색-녹색-황색-흑색-청색-적색 순서로 하고, 아이디어의 평가를 위해 사용할 경우에는 그 반대의 순서로 진행하는 것이 일반적으로 적절하다.

〈표 7-9〉 육색사고모자기법의 색깔별 사고유형

| 구분 | 사고유형 |
|---|---|
| 백색 | 정확한 정보에 기초하고 검증된 중립적이고 객관적인 사실을 제시한다. |
| 녹색 | 창의적이고 확산적인 새로운 측면을 제시한다. |
| 황색 | 긍정적이고 낙관적인 측면을 제시한다. |
| 흑색 | 부정적이고 비판적인 측면을 제시한다. |
| 청색 | 지휘자나 사회자처럼 정리, 요약, 결론적인 내용을 제시한다. |
| 적색 | 백색모자와는 반대로 자신의 분노, 두려움과 같은 감정이나 정서, 직관을 제시한다. |

### (1) 기본원리

- 진행자가 요구하는 모자를 쓰면서 그 모자의 색깔에 해당하는 사고를 해야 한다. 모자를 실제 쓰지 않는 경우에도 모자의 색깔이 지향하는 사고를 해야 한다. 이 기법의 활용이 익숙하게 되면 실제 모자를 쓰지 않고도 학습할 수 있다.
- 한 번에 하나의 모자만을 써야 한다. 드 보노는 우리가 사고를 잘 못하는 이유로 한꺼번에 여러 가지 사고를 하기 때문에 일어나는 사고의 혼돈을 지적하면서 한 번에 하나의 사고를 하는 훈련을 통해 사람들이 사고를 잘 할 수 있도록 하고자 이 기법을 개발한 것이다.
- '사고모자를 써라'의 지시는 곧 '곰곰이 생각해 보라' 혹은 '한 가지로만 생각하라'는 의미임을 명심해야 한다.

### (2) 실습 진행방법

S1. 수업이나 회의, 대화의 과정에서 진행자는 수시로 이 육색 사고모자기법을 쓰도록 요구한다.

S2. 어떤 색의 모자를 먼저 써야 할 것인지는 일정하지 않지만, 대체로 황색모자(긍정적 사고)를 쓴 다음에 흑색 모자(부정적 사고)를 쓰도록 한다.

S4. 어떤 아이디어를 생성하고자 할 경우에는 백색모자-녹색모자-황색모자-흑색모자-적색모자-청색모자의 순서로 쓰도록 하고, 아이디어를 판단해야 할 경우에는 그 반대의 순서로 쓰도록 한다.

S5. 한 시간의 수업이나 회의과정에서 사고모자는 필요에 따라 몇 번이나 쓰도록 요구할 수 있으며, 여섯 가지 모자를 꼭 다 써야 할 필요는 없다.

### (3) 적용사례

[그림 7-13]은 TV 예능 프로그램 감상을 주제로 육색사고모자 기법을 적용한 것이다.

| 색깔 | 관련 사고 | 적용 예 |
|---|---|---|
| 백색 | 객관적 사고 | 예능 프로그램이다. 토요일에 한다. 6명의 멤버가 나온다. 여행에 대한 프로그램이다. |
| 적색 | 감정적 사고 | 기쁘다, 슬프다, 무섭다 등 |
| 황색 | 긍정적 사고 | 맛집과 여행지를 알려준다. 멤버들끼리 조화가 좋다. |
| 흑색 | 비판적 사고 | 멤버가 모두 남자연예인이다. 벌칙이 폭력적이다. 연예인들끼리만 참여하고 논다 등 |
| 녹색 | 창의적 사고 | 여자 멤버를 추가한다. 일반 시청자를 참여시킨다 등 |
| 청색 | 지휘자의 사고 | 상기 5가지 감상 내용의 종합정리 |

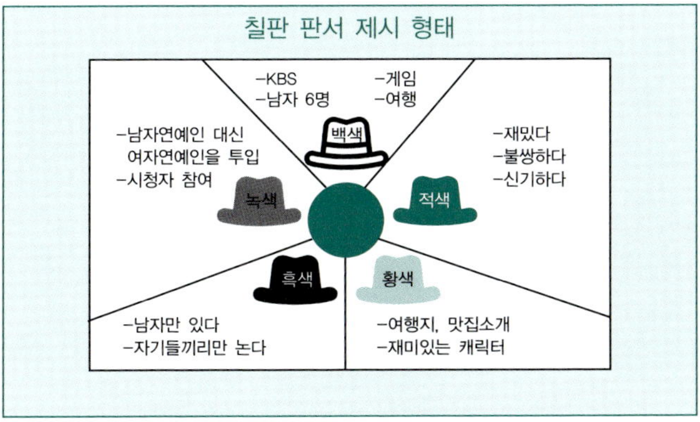


[그림 7-13] 육색사고모자기법 적용사례

**실습** ‘수입제품’을 주제로 육색사고모자기법을 적용해 보시오.

## IC 15 트리즈(TRIZ)

트리즈는 1946년 구소련 과학자 겐리히 알츠슐러(Genrich Altshuller)가 소련의 우수한 특허와 기술혁신 사례들을 분석하여 찾아낸 창의적 발명원리들을 체계적으로 제시한 것으로 창의적 문제해결이라는 의미의 러시아 말(Teoriya Reshniya Izobretatelskikh Zadatch)의 앞 글자를 따온 말이다. 영어로는 TIPS(Theory of Inventive Problem Solving)라고도 불린다.

트리즈에서는 '모순'이 핵심개념이 된다. 여기에서 말하는 '모순'은 시스템의 유기체적 특성에서 비롯된 것으로 시스템 내 한 부분의 개선이 다른 부분에서의 부정적 결과를 유발하는 상황을 의미하는 것이다. 알츠슐러는 이러한 모순을 포함하는 문제를 창조적 또는 발명적 문제라고 정의하였고 창의적 문제해결이란 이러한 모순을 제거하는 것이라고 말하였다.

결과적으로 트리즈는 일반적으로 기술적 모순과 물리적 모순 두 유형의 모순 을 제거할 수 있는 방법을 제시한다. 기술적 모순은 시스템 내의 한 부분을 개선하면 다른 부분은 악화가 되는 현상을 말하며 이는 상호절충을 통해 해결하려는 것이다. 하지만 이는 근본적인 해결이 되지 못하므로 물리적 모순으로 변환하여 해결할 수 있다. 물리적 모순은 시스템 혹은 특성이 한 상황에서는 필요하지만 다른 상황에서는 없어야 하는 모순을 말하는 것이다. 트리즈의 발명원리는 다음과 같다.

| 트리즈(TRIZ)의 발명원리 | |
|---|---|
| • 분할하라. 나누어라.<br>• 필요한 것만 뽑아내라.<br>• 전체를 똑같이 할 필요는 없다.<br>• 비대칭으로 하라. 차별화하라.<br>• 여러 작업을 한 번에 하라.<br>• 하나의 물건을 여러 용도로 사용하라.<br>• 포개어 보라. 짝짓기를 하라.<br>• 무게를 적극적으로 줄여라.<br>• 미리 반대방향으로 조치하라.<br>• 미리 조치하라.<br>• 사전에 예방하라.<br>• 저절로 흘러가게 하라.<br>• 반대로 하라.<br>• 직선을 곡선으로 바꿔라.<br>• 부분적으로 자유롭게 하라.<br>• 지나치거나 부족하게 행동하라.<br>• 다른 각도(수평이면 수직으로)에서 보라.<br>• 진동을 이용하라.<br>• 주기적으로 하라.<br>• 유용한 일을 지속하라. | • 유쾌하다면 빨리 진행하라.<br>• 안 좋은 것을 좋은 것으로 바꿔라.<br>• 피드백을 이용하라.<br>• 직접 하지 말고 중간 매개체를 이용하라.<br>• 스스로 기능이 수행되게 한다.<br>• 불편하고 복잡한 것 대신 간단한 것으로 복사한다.<br>• 한 번 쓰고 버린다.<br>• 기계적 시스템은 광학, 음향시스템 등으로 바꾼다.<br>• 공기나 유압을 사용한다.<br>• 얇은 막 필름을 사용한다.<br>• 구멍이 뚫린 물질을 사용한다.<br>• 색깔 변화 등 광학적 성질을 변화시킨다.<br>• 기왕이면 같은 재료를 사용한다.<br>• 다 쓴 것은 버리거나 복구한다.<br>• 물질의 속성을 변화시킨다.<br>• 상태를 전이시킨다.<br>• 열팽창시킨다.<br>• 복합재료를 사용한다. |

### (1) 적용사례

〈표 7-10〉는 미국의 사우스웨스트항공의 서비스 개선을 주제로 트리즈(TRIZ)를 적용한 것이다.

〈표 7-10〉 **TRIZ 기법 적용사례**

| 발명원리 | 해결책 | 개선 사례 |
|---|---|---|
| 분할 | 독립된 여러 부분으로 나눔 | • 제품단위별로 조직을 분할<br>• 대규모 프로젝트를 작업단위별로 분할<br>• 고객 세분화(Segmentation)를 통한 마케팅 실시 |

| | | |
|---|---|---|
| | 조립과 분해의 용이성 증대 | • 단기 프로젝트에 임시 직원을 활용<br>• 모듈화된 가구와 사무실 |
| 셀프 서비스 | 작업과 동시에 스스로 서비스 | • 바코드 시스템 : 계산기능뿐 아니라 재고관리도 동시에 수행(마케팅 의사결정을 지원) |
| | 버리는 재료와 에너지를 활용 | • 퇴직 직원을 고용<br>• 사용되는 여타의 집기와 비품을 재활용 |
| 상호작용 증대 | 환경과의 조화 | • 위험과 수익을 협력사와 공유<br>• 각 부문별 외부전문가의 적극적 활용<br>• 직원교육에 케이스 스터디(case study) 방식을 최대한 활용 |

## IC 16 KJ법

KJ법은 1964년 일본의 동경공업대학 교수이자 세계적인 문화인류학자인 가와키다 지로(川喜田二郞)가 고안한 것으로 전체의 문제점을 알지 못하는 상황에서 다양한 각도에서 모은 개별적 자료를 조합해 나가면서 전체의 틀로 구조화시켜 진짜 문제점을 찾아내는 방식으로 고려할 변수가 많거나 브레인스토밍법의 아이디어를 정리, 평가하고 싶을 때 사용하며 단계별 의사결정과 합의가 절대적으로 요구되는 기법이다. 이 기법은 자기 및 조직개발의 방법으로 기업과 교육에서 활용도가 높다.

■ **실습 진행방법**

S1. 과제나 문제를 제시한다.

S2. 카드를 배포한다.

S3. 각 카드에 개별적으로 자신의 아이디어를 기록한다. 단, 한 장의 카드에 하나의 아이디어만 기록한다.

S4. 브레인스토밍법 등을 통해서 이미 도출된 아이디어가 있다면 'S3'단계부터 진행한다.

S5. 아이디어가 기록된 카드를 누구나 쉽게 볼 수 있도록 나열한다.

S6. 카드에 기록된 아이디어를 읽어본다.

S7. 〈Level 1〉 Grouping을 한다. 각 카드의 관계를 연계하여 내용이 비슷한 아이디어를 한데 모은다.

S8. 각 그룹에 타이틀(이름)을 붙여 〈Level n〉을 완성한다.

S9. 〈Level n-1〉 Grouping을 한다.

S10. 최종 결과물을 얻기 위해 상기단계를 반복한다.

S11. 최종결과를 도식화한다.

S12. 각 단계별 분류가 명확히 도출되었는가를 확인한다.

S13. 완성된 내용을 발표한다.

## IC 17 돌려돌려 아이디어 발상법

- 팀원들과 함께 아이디어를 도출할 수 있다.
- 팀원들의 생각을 한데 모을 수 있다.
- 한꺼번에 여러 가지 아이디어를 도출할 수 있다.

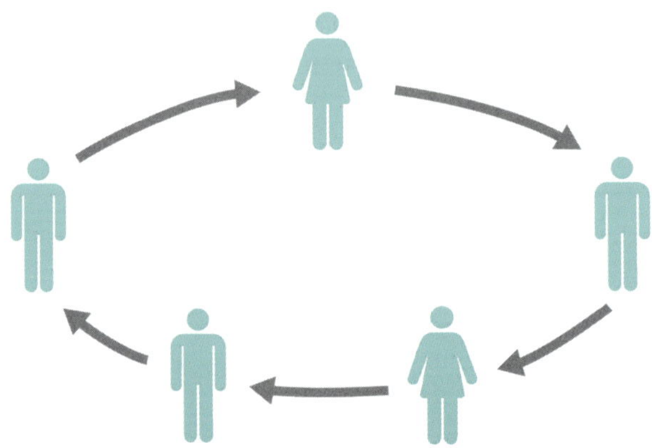

[그림 7-14] 돌려돌려 아이디어 발상법

### ■ 실습 진행방법

S1. 생각한 아이디어를 기재한다.

S2. 아이템의 특징과 생각하는 기능을 정리한다.

S3. 팀원들이 돌아가면서 평가기준에 맞게 평가한다.

S4. 팀원들이 돌아가면서 아이디어에 추가하면 좋을 것 같은 내용을 기재한다.

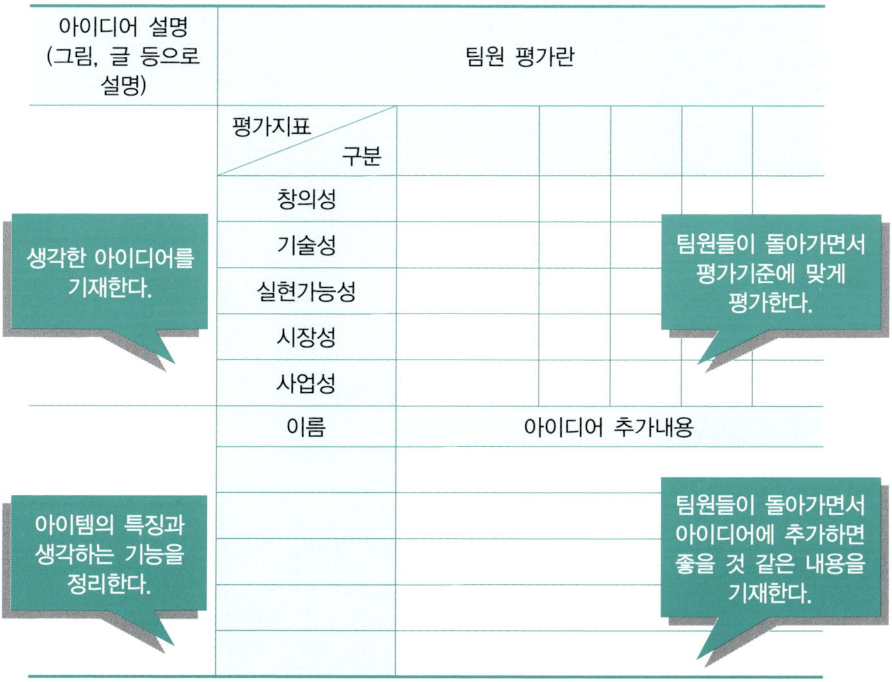


[그림 7-15] 돌려돌려 아이디어 발상법 용지 구성의 예

읽을 거리

## 디자인 씽킹(Design Thinking)

점점 더 높은 삶의 질을 추구하는 현대의 소비자들에게는 제품의 품질이나 기술수준보다 디자인과 브랜드가 더욱 중요해지고 있다. 단순하면서도 직관적인 디자인으로 전 세계적인 열풍을 이끌어냈던 아이폰의 창조자 스티브 잡스(Steve Jobs)는 "디자인은 제품이나 서비스의 연속적인 외층에 표현되는 인간 창조물의 영혼이다."라고 말하였다. 이 말이 의미하는 바는 이제 인간은 단순한 신체적, 물질적인 만족만을 요구하는 게 아니라 영혼의 만족까지도 요구한다는 의미이며, 디자인이 그러한 욕구를 충족시킬 수 있다는 것이다.

이처럼 디자인의 중요성이 점차 커지면서 많은 기업들이 디자인에 관심을 기울이기 시작하였다. 처음에는 단순히 제품의 외양에만 적용되던 디자인이 이제는 '고객을 만족시킬 수 있는 모든 것'에 적용되고 있다. 즉, 제품개발 단계뿐만 아니라 제품의 기획, 마케팅, 관련 서비스 등 전 과정에 걸쳐 디자이너들의 감수성과 사고방식이 적용되고 있다는 것이다. 이것이 바로 디자인적 사고, 즉 디자인 씽킹(Design Thinking)이다.

■ **통합적사고에서 나오는 디자인 씽킹**

디자인 씽킹은 디자이너들이 무엇인가를 디자인하며, 문제를 풀어가던 사고방식대로 사고하는 방법이다. 디자이너들은 기술적으로 구현할 수 있고, 현실적으로 이윤도 남기는 동시에 고객을 만족시킬 수 있는 방법을 창의적이고 혁신적으로 생각해 낸다. 이를 위해서는 사용자와 깊이 공감할 수 있는 감수성과 비즈니스적 전략적 사고가 필요하다.

따라서 캐나다 토론토대학의 로저 마틴(Roger Martin) 교수는 자신의 책 ≪디자인 씽킹(Design Thinking)≫에서 디자인 씽킹은 직관적 사고나 분석적사고의 한쪽이 아니라 이에 대해 통합적으로 접근하는 사고법이라고 정의하였으며, 그의 다른 저서 ≪생각이 차이를 만든다≫에서 "통합적 사고란 상반되는 두 아이디어 사이의 긴장을 건설적으로 이용하여 하나를 선택하느라 다른 하나를 버리는 양자택일 방식 대신 두 아이디어의 요소를 모두 포함하면서도 각 아이디어보다 뛰어난 새로운 아이디어를 만들어 창의적으로 긴장을 해소하는 능력이다."라고 정의하였다. 즉, 통합적사고란 새로운 해결책을 찾기 위해 서로 상충되는 아이디어와 조건을 모두 이용하는 능력을 말한다. 로저 마틴은 디자인 씽킹이 이러한 통합적사고로부터 시작된다고 강조하고 있다.

■ 사용자와의 공감을 이끌어내는 디자인 씽킹

디자인 씽킹은 미래의 사용자와 공감하는 것에서부터 시작된다. 사용자가 무엇을 원하는지, 무엇이 필요한지, 또한, 그들이 어떤 점을 좋아하고 싫어하는지 등을 속속들이 듣고, 느끼고, 이해하는 바를 원동력으로 삼아 행하는 혁신이 디자인 씽킹인 것이다. 즉, 디자인 씽킹이란 인간중심 디자인 방법론이라고 정의할 수 있다. 이를 위해서는 공감하고 문제의 맥락에 접근하려는 능력, 예술과 기술을 결합하여 통찰을 만들어 내는 창조력, 그리고 복잡성을 조화롭게 하는 문제해결능력이 요구된다.

■ 분산과 수렴단계를 거친 디자인 씽킹

디자인 씽킹은 수렴(집중적사고)과 분산(확산적사고)의 두 단계로 나뉜다. 수렴은 문제에 대해 최적의 해를 구하는 것이며, 분산은 하나의 주제에 대해서 다양한 아이디어를 제공하는 것이다. 하나의 원리보다는 여러 원리의 교차점에서 혁신적인 아이디어가 나오기 때문이다. 분산적 사고를 한다고 해서 자동으로 창의성이 만들어지는 것은 아니다. 창의적인 결과를 얻기 위해서는 분산적 사고가 필수적이다. 분산적 사고는 질문을 다각도로 해석하는 방법을 제시하여, 하나의 문제에 대해서도 다양한 답을 생각해 볼 수 있는 능력을 키워주고, 수평적 사고를 확장해 준다.

디자인 씽킹에 수렴과 분산, 즉 집중적 사고와 확산적 사고가 적용되는 방식으로 '다이아몬드'라는 방식이 있다. 처음에는 브레인스토밍법 등을 통하여 생각을 다양하게 확장하고 여러 개의 선택지를 만든 후, 현실적인 제약사항을 고려하여 선택지 중에 하나를 선택한 다음, 이후에 이를 다듬어 나가는 것이다. 이러한 방식은 디자이너들의 평소 작업방식(다양한 시안을 준비한 뒤, 선정된 시안을 계속 다듬어 나가는 방식)과 일치한다.

결국 디자인 씽킹이란 분산적 사고를 통하여 실현 가능한, 심지어 불가능한 경우까지도 포함하여 다양한 해법을 찾은 다음, 수렴적 사고를 통하여 최선의 솔루션(solution)을 찾아내는 과정이다. [그림 7-16]은 분산과 수렴을 나타낸 것이다.

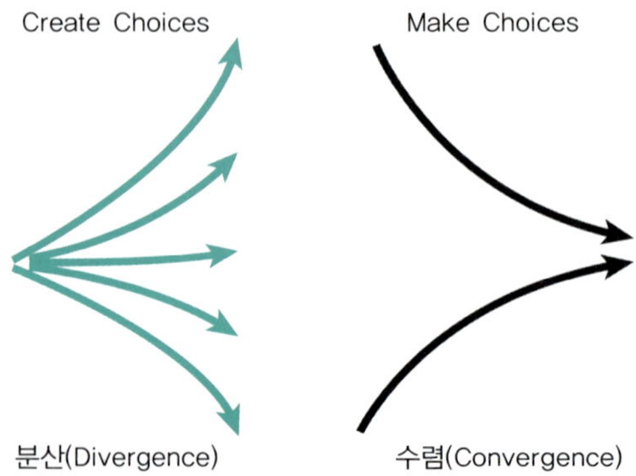


[그림 7-16] **분산(Divergence)과 수렴(Convergence)**

출처: 조준동(2015). 창의융합 프로젝트 아이디어북. 한빛아카데미.

Chapter

# 08

# 창업아이템 발굴 및 선정

Environmental, Social and Governance

좋은 아이디어를 창출했다고 해도 아이디어 심사, 사업성 분석, 개발 및 시험생산과정을 거쳐 최종 상품화되는 것은 극히 소수이다. 참고로, [그림 8-1]과 같이 Booz Allen & Hamilton 연구결과에 의하면 아이디어 창출 58개 중 1개만이 상품화되며, 상품화되어 출시되어도 성공할 확률은 매우 낮다는 점에 주목하여야 한다.

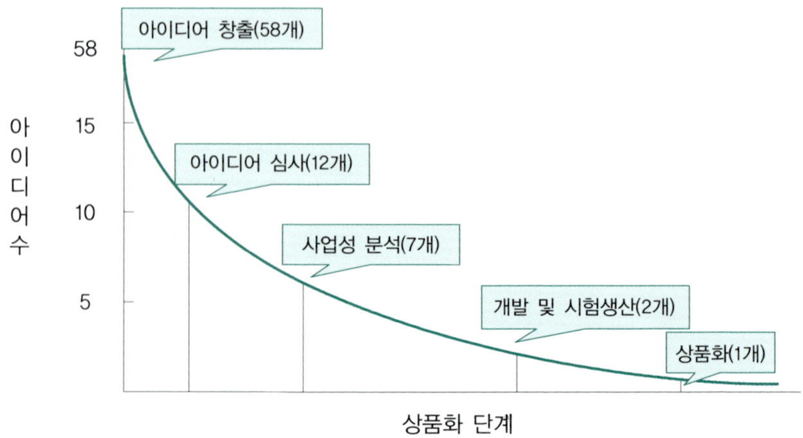


[그림 8-1] 아이디어가 상품화되기까지

출처 : Booz Allen & Hamilton.

## 1. 창업아이템 선정기준

창업아이템의 선정은 창업자가 창업을 준비하는 과정에서 가장 주의를 기울여야 할 부분이다. 특히 창업에 있어서 업종의 선택은 첫 단추를 끼우는 것과 마찬가지로 그 이후의 사업에 절대적인 영향을 미치게 된다. 또한, 창업아이템 선정과 시장조사가 창업 성공의 절반을 좌우한다고 해도 과언이 아니다. 창업아이템을 선정하는 기준은 자신의 경험이 풍부한 분야, 자신의 적성과 관심이 많은 분야, 자신의 투자자금 규모에 적합한 분야, 자신의 주변에서 도움을 받을 수 있는 분야, 시대적 시장환경에 맞는 전망이 있는 분야, 기존 제품과의 차별성이 뚜렷한 분야 등을 들 수 있으며, 다음 사항을 면밀히 고민해야 한다. [그림 8-2]는 창업아이템 선정의 기본체계를 나타낸 것이다.

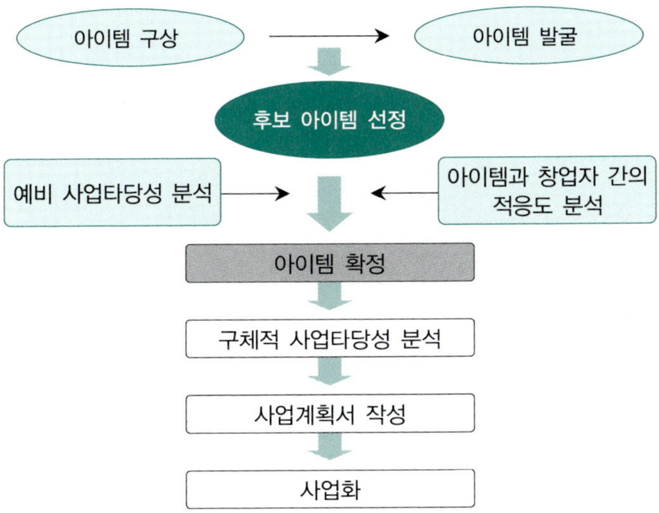


[그림 8-2] 창업아이템 선정의 기본체계

## 1) 업종의 성장가능성은 있는가

제품에는 도입기-성장기-성숙기-쇠퇴기의 라이프 사이클(Life Cycle)이 일반적으로 존재한다. 도입기는 업종이 출현하여 보급이 시작되는 단계이고, 성장기는 수요와 동종기업이 급증하고, 이익도 증가하는 단계이다. 그리고 성숙기는 기업 간 경쟁이 격화되며 도산하는 기업이 급증하고, 이익이 쇠퇴하여 경쟁에서 우위를 점한 일부 기업만이 생존하는 단계이고, 쇠퇴기는 시장 전체의 매출과 이익이 완전히 하향하는 단계이다. 여기서 신규 창업이 가장 적합한 시기는 성장기 업종이며, 성숙기에 뒤늦게 참여하면 실패할 확률이 매우 높다.

### 2) 경험이나 특징을 잘 활용할 수 있는 업종인가

성장성이 높은 업종이라도, 다른 사람이 성공했다고 하여 자기도 성공할 거라고 기대해서는 안 된다. 즉, 어떠한 업종이더라도 창업자의 경험, 지식, 기술, 특징 등을 잘 고려하여야만 사업성공 확률을 높일 수 있다. 직장생활에서 얻어지는 각종 경험, 지식, 기술, 특징 등이 창업에서의 성공과 실패를 결정할 수도 있다.

### 3) 인·허가를 받아야 하는 업종인가

법적인 인·허가, 등록, 면허 등이 없으면 창업이 불가능한 업종이 있으므로 창업자는 해당 업종의 법적 요건을 사전에 확인할 필요가 있다. 즉, 단순히 등록만 하면 되는 경우도 있지만, 창업자 본인이 업종에 관련된 자격이나 기능을 취득하고 있어야 하는 경우도 있고, 그런 자격이나 기능이 있는 종업원을 채용해야 하는 경우도 있다. 따라서 창업자는 업종을 선택할 때 이와 같은 부분을 잘 확인하여야 한다.

### 4) 실패의 위험이 적은 업종인가

위험이 큰 사업일수록 사업이 성공했을 때 얻을 수 있는 이득이 많다. 즉, High Risk, High Return이다. 위험률이 높기 때문에 도전하는 창업자가 적고, 이런 상황에서 성공하면 경쟁자가 없어서 높은 수익을 기대할 수 있다. 그러나 이러한 업종일수록 실패율이 성공률보다 높다는 게 창업의 한계로 작용한다. 따라서 이익이 적어서 큰돈을 벌 수 없는 사업이라도 성공만 확실히 보장된다면 그 사업을 선택하는 것이 타당하다.

창업자는 이와 같이 업종 선택의 중요성과 아이템 선정의 기본원칙을 숙지하여 원만한 창업, 성공적인 창업이 이루어지도록 사전에 충분한 준비를 해야 한다. 창업성공의 지름길은 충분한 준비와 시간의 투자에 있다.

## 2. 창업아이템 정보수집 방법

창업아이템 정보수집 방법은 다음과 같다.

- 사업자 및 경험자 면담을 통해 정보를 습득한다.
- 재래시장, 도매시장, 백화점, 농수산물도매시장, 전자상가 등에서 정보를 습득한다.
- 지방이나 해외여행을 통해 정보를 습득한다.
- 신문, 인터넷, TV, 잡지를 통해 정보를 습득한다.
- 창업지원기관을 통해 정보를 습득한다.

- 동창, 친구, 전 근무지 등 인맥을 통해 정보를 습득한다.
- 일본이나 미국 등에서 유망했던 아이템을 조사한다.
- 해당 분야의 전문가와 상의하고 전문가들의 평가를 통해 정보를 습득한다.
- 사업아이디어를 주변사람들에게 구하고 의견을 통해 정보를 습득한다.
- 시장의 흐름이 어떤 종목에 유리한 방향으로 전개되는가를 파악한다.

## 3. 창업아이템 체크포인트

### ■ 적성·능력의 적합 여부

- 해당 업종에 자신감이 있는가
- 창업자의 선천적 적성·성격에 맞는가
- 사업자의 건강능력에 맞는가
- 해당 업종의 경험 또는 사업수행능력·지식이 있는가
- 해당 업종 창업자금 조달능력은 양호한가

### ■ 사업성·입지 선정 전망

- 해당 지역에서의 시장분석상 입지가 해당 업종에 적합한가
- 사업 발전단계상 도입기·성장기 업종인가
- 시장의 경쟁현황과 전망은 양호한가

**■ 수익성 양호 여부**

- 투자비용에 비해 수익전망은 양호한가
- 손익분기점은 언제인가
- 일반금리보다 수익성이 좋은가
- 2~3년 이내 흑자실현이 가능한가
- 인테리어 공사비 등 고정비가 권리금화에 유리한가

**■ 상품성 우수 여부**

- 고객입장에서 가격에 비해 유용한 상품인가
- 고객에게 인기도/경쟁력은
- 영업 및 A/S 가능 여부는
- 상품조달 및 공급 용이성은
- 상품 관련 기술을 터득하여 개선할 수 있는가

**■ 위험요소 여부**

- 해당 업종 인·허가문제에서 미비한 점은 없는가
- 경쟁업체/거래업체와의 분쟁 소지 여부는
- 내적 요소(종업원, 상품배달 등)에서 문제 소지는 없는가
- 추후 예비자금 조달에서 막힐 염려는 없는가

## 4. 성공가능성이 높은 업종과 가급적 피해야 할 업종

성공가능성이 높은 업종과 가급적 피해야 할 업종은 다음과 같다.

### 1) 성공가능성이 높은 업종

- 자본규모에 맞는 아이템
- 점포가 확보된 경우에는 입지에 맞는 아이템
- 도입기나 성장 초반기의 업종
- 자신이나 주변 사람들과 연관이 있는 업종
- 투자대비 수익성이 좋은 업종
- 자금과 상품회전율이 높은 업종
- 유행아이템보다는 유망아이템
- 자신의 전문지식, 경력, 적성을 활용할 수 있는 아이템
- 사회적인 필요에 부응하여 경기 변화에 능동적으로 대처할 수 있는 업종

### 2) 가급적 피해야 할 업종

보편적으로 가급적 피해야 할 업종은 다음과 같다.

- PLC(Product Life Cycle)가 짧은 업종
- 고정비 투자가 크고 이익회수 시기가 긴 업종
- 종업원이 많이 필요한 업종
- 이윤 폭이 적은 업종
- 대기업 또는 수입상품과의 경쟁업종

### 지속적 경쟁우위를 확보할 수 있는 자원

지속적으로 경쟁우위를 확보할 수 있는 자원은 다음과 같다.

- 가치(Value)가 있는 자원
- 희소성이 있는 자원
- 모방하기 힘든 자원
  - 독특한 역사적 조건, 인과관계의 모호성 : 화학적 합성물, 복잡한 사회적 관계
- 대체하기가 불가능한 자원

## 5. 비즈니스 모델(BM)

구상한 아이디어를 사업으로 계획하거나 기업들이 특정한 분야의 프로젝트를 진행할 때 신규사업의 타당성을 여러 가지 필요한 활동요소를 통해 다양한 각도로 생각해 보고 그려 보는 것은 매우 중요하다. 이러한 활동을 통해 사업을 구체화하고 창의적인 사업 활동의 개발뿐만 아니라 사업성 평가와 문제점에 대해서도 파악하고 보완할 수 있다.

이것은 여행자가 여행하기에 앞서 여행계획 순서와 중요도에 맞추어 설계해 보는 과정과 흡사하다. 여행계획에서 가고 싶은 여행지가 있을 때 그것을 구체화할 수 있는 실행계획에 따라 준비물과 사전지식, 자금 등 여러 가지 필요한 요소나 활동들을 순서에 따라 나열해 보고 검토해 봄으로써 실행에 이를 수 있는 것이다.

### 1) 비즈니스 모델(BM)의 다양한 정의

많은 학자들의 사업화 혹은 비즈니스 모델에 관한 연구를 종합해 볼 때, 결국 내가 가진 아이디어 중 어떤 가치를 누구에게 어떤 방법으로 제공하고 수익을 창출할 것인지에 대한 방향과 방법을 정리하는 것이라고 할 수 있다.

〈표 8-1〉 **비즈니스 모델의 다양한 정의**

| 구분 | 정의 |
|---|---|
| 폴 티머스 (P. Timmers) | 제품, 서비스, 정보의 흐름이며, 다양한 참여자들의 잠재적인 이익과 수익원천을 설명해 주는 청사진 |
| 알렉산더 오스터왈더 (Alexander Osterwalder) | 어떻게 조직이 가치를 창출하고, 전달하고, 획득하는지를 논리적으로 정리한 것 |
| 마이클 라파 (M. Rappa) | 기업이 가치사슬(Value Chain) 안에서 어느 위치에 속하는지를 명시함으로써 매출을 발생시킬 수 있는 방법을 보여줄 수 있는 것 |
| 콜과 미첼 (Coles & Mitchell) | 어떤 조직에서 고객에게 제품과 서비스를 제공하고, 자원과 능력을 개발하기 위하여 "What", "Who", "When", "Where", "Why", "How", "How much"의 사용가능한 조합 |

이와 같이 비즈니스 모델(BM)을 요약하면 다음과 같다.

- 수익을 창출하는 기업의 기초적인 설계도
- 새로운 가치를 개발하여 고객에게 전달하고, 그 대가로서 수익을 창출하는 체계적 방법에 대한 논리적 모델
- 내가 가진 아이디어 중 어떤 가치를 누구에게 어떤 방법으로 제공하여 수익을 창출할 것인지에 대한 방향과 방법을 정리하는 것
- 제품이나 서비스를 고객에게 어떠한 방식으로 전개할 것인가를 정리해 놓은 것

• 고객가치를 창출하기 위한 기관의 내부역량과 외부환경을 결합한 시스템

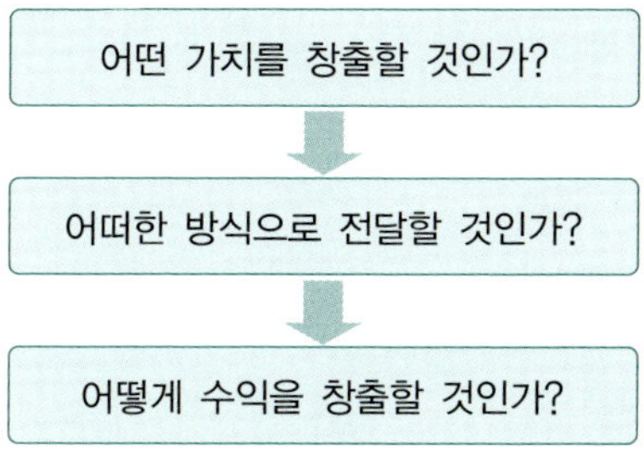


[그림 8-3] **비즈니스 모델(BM) 접근방법**

## 2) 비즈니스 모델(BM)과 사업계획서의 차이점

비즈니스 모델(BM)과 사업계획서의 차이점은 다음과 같다.

■ **사업계획서**

• 상세한 문서로서 재무적 예측자료가 많이 담겨 있음

• 사업의 목적, 그것이 달성된다고 믿는 근거, 이를 위한 구체적인 계획이 포함된 공식 문서

• 회사를 정확히 알리고 회사가 영위하고자 하는 사업의 비전과 가능성을 입증하는 데 중점을 둠

• 정부기관, 금융기관, 투자자 등에게 제출할 때 필요

■ **비즈니스 모델(BM)**

• 처음부터 압축적이고 상세한 내용을 담을 필요가 없음

• 기업이 수익을 창출하기 위한 구체적인 방법을 서술하는 것이 필요

• 머리로 기억할 수 있을 정도로 충분히 작은 개념으로 존재해야 함

• 논리적인 하나의 그림으로 표현하는 것이 필요사업계획서

## 3) 오스터왈더(Osterwalder)의 9블록 비즈니스 모델 캔버스(BMC)

### (1) 9가지 구성요소

[그림 8-4] BMC 구성요소

① 고객층 나눠보기(Customer Segment)

• 내 아이디어는 누구에게 가장 필요할까?

• 누가 내 아이디어 제품이나 서비스를 구입할까?

② 고객에게 필요한 것 제공하기(Value Proposition)

- 고객은 무엇이 필요할까?
- 우리가 제공하는 가치가 고객의 문제점을 해결해 줄 수 있을까?

③ 유통채널 생각하기(Channels)

- 고객에게 어떻게 전달해 줄까?
- 어떤 방법으로 전달할 때 고객이 더 쉽게 받을 수 있을까?

④ 고객과의 관계 유지하기

- 어떻게 하면 내 고객과 계속 만날 수 있을까?
- 어떤 방법이 고객을 더 많이 만나게 해줄까?

⑤ 고객에게 필요한 가치를 전달하면서 얻게 되는 수익원은?

- 고객들은 무엇을 위해 돈을 지불하고, 어떻게 지불하고 있을까?
- 수입금은 얼마나 될까?

⑥ 고객이 필요한 것을 채우기 위해서 우리에게 필요한 핵심자원은?

- 고객에게 필요한 것을 제공하기 위해 어떤 핵심자원이 있어야 할까?

⑦ 어떤 활동을 해야 할까?

- 고객에게 필요한 것을 제공하기 위해 어떤 활동을 해야 할까?

⑧ 고객에게 필요한 것을 제공하기 위해서 누구랑 같이 해야 할까?

- 어떤 활동을 해야 할까?

⑨ 고객에게 필요한 가치를 전달하기 위해 드는 비용은?

- 고객에게 필요한 가치를 제공하기 위해 핵심자원을 확보하려면 얼마의 비용이 들까?
- 고객에게 필요한 가치를 전달하기 위한 핵심활동과 파트너십에 드는 비용은 어떤 것들이 있을까?

이와 같이 아이디어 사업화를 그림으로 작성해 보면 가치를 창출하고, 전달, 포착하는 데 많은 도움이 된다. 서로 연결된 9개의 블록을 점검해 보면 현재의 비즈니스와 미래의 비즈니스 모델의 실체가 보일 것이다.

[그림 8-5] 비즈니스 모델 캔버스(BMC) 작성양식

## BMC 작성을 위한 14가지 팁

① 포스트잇을 사용하자.

② 어떤 블록(Block)에서 시작해도 상관없다.

③ 모든 블록을 다 채울 필요는 없다.

④ 한 포스트잇에는 한 가지 내용만을 쓰자.

⑤ 너무 세세히 많은 내용을 적지 말자.

⑥ 더 정확하게 표현하자.

⑦ 서로 다른 색의 포스트잇을 사용하자.

⑧ 연결되지 않는 블록이 있으면 서로 연결하자.

⑨ 기존의 비즈니스 모델과 다른 비즈니스 모델을 한 장의 캔버스에 작성하지 말자.

⑩ 다른 아이디어는 다른 BMC에 작성하자.

⑪ 2가지 이상의 가치제안이 있을 경우에는 나누어 작성한 후 합치는 것이 좋다.

⑫ 가급적 전체 블록이 연결된 스토리를 만든다.

⑬ 가설과 검증된 사실을 구분해서 표현한다.

⑭ 비주얼하게 표현하자.

Chapter

# 09

# 알아두면 도움이 되는 팁

Environmental, Social and Governance

## 1. 아이디어 상품화 전략

성공적인 제품을 만들기 위해서는 전략이 필요하다. 값진 아이디어를 얻었다면 그것을 상품화하여 성공할 수 있는 전략이 필요하다.

미국의 저명한 경제지 중의 하나인 The Wall Street Journal 에서는 신제품의 성공 가능성을 가늠할 수 있는 척도를 제시하고 있다. 20개의 문항 중 11~14개의 긍정적인 응답을 얻은 신제품의 경우 성공적인 신제품이라고 볼 수 있으나, 8개 이하로 나온 경우 매우 비관적일 수 있다고 설명하고 있다.

물론 반드시 이러한 목록으로 신제품의 성공 또는 실패 이유를 결정할 수는 없겠지만 성공적인 신제품을 개발하기 위한 가이드라인을 제시해 준다는 데 그 의미를 둘 수 있다.

### 신제품 성공의 열쇠 20가지

① 최근 1년 동안 개발을 하고 있는 신제품입니까?
② 현재 개발 중인 신제품과 유사한 제품을 만든 적이 있습니까?
③ 관련 시장 또는 소비자에게 제품을 판매해 본 적이 있습니까?
④ 전체 신제품 개발비용 중 연구개발 비용은 1/3 이상 투자하였습니까?
⑤ 적어도 일정기간에 테스트 마케팅을 실시하였습니까?
⑥ 신제품 개발을 위해 아낌없는 지원을 하고 있습니까?
⑦ 예상되는 매출액의 5% 이상을 광고비로 투자하였습니까?
⑧ 신제품의 브랜드네임이 뛰어나다고 생각하십니까?
⑨ 위험을 감수하고라도 판매를 시작하고 1년 동안 히트 제품이 되기까지 기다릴 수 있습니까?

⑩ 신제품을 개발할 때 소비자의 욕구에 초점을 맞췄습니까?
⑪ 세 개 정도의 광고 문구를 미리 준비해 놓았습니까?
⑫ 단순한 모방이 아닌 참신성이 충분합니까?
⑬ 개별 소비자에 의해 구매 의사 결정이 가능한 제품입니까?
⑭ 시장에서 비슷한 제품이 많이 출시되어 있지는 않습니까?
⑮ 제품 출시 후 추가적인 서비스나 A/S가 필요하지는 않습니까?
⑯ 신제품 개발 시 정형화된 작업절차가 있습니까?
⑰ 이 제품에 대한 끊임없는 관심과 배려가 있습니까?
⑱ 신제품 개발 프로젝트의 진행자는 최소한 2건 이상의 신제품 개발 경험을 갖고 있습니까?
⑲ 향후 10년 동안 지속적으로 판매될 수 있는 제품입니까?
⑳ 신제품 개발 프로젝트 진행자의 결정에 따라 신제품 개발 여부를 정할 수 있습니까?

출처 : The Wall Street Journal (1981). Dow Jones & Company, Inc.

## 1) 성공한 신제품의 일반적인 특징

모든 신제품들이 성공하는 것은 아니다. 성공한 제품들은 다 그만한 이유가 있기 마련이다. 성공한 제품에는 다음과 같은 특징이 있다.

### (1) 소비자 욕구 충족

시장에서 신제품이 성공하기 위해서는 소비자의 필요에 적합한 것이어야 한다. 고객의 필요에 부응할 수 있는 상품만이 시장에서 성공할 수 있다. 또한, 가격에 비해 높은 효용을 줄 수 있어야 한다. 따라서 항상 소비자가 필요로 하는 것이 무엇인지를 자료 수집을 통해 아이디어를 얻고 개발해야 한다.

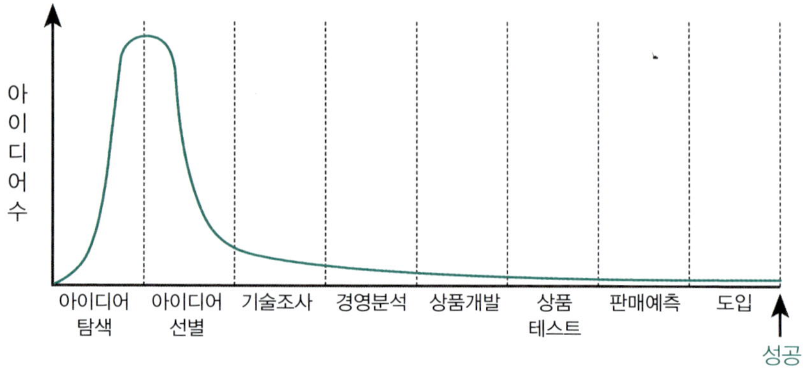


[그림 9-1] 아이디어가 상품화되기까지

### (2) 기술상의 우월성

시장에서 신제품이 성공하기 위해서는 기술상의 우월성을 가져야 한다. 그렇다고 다른 기업들이 따라올 수 없는 독점적 기술을 보유하라는 의미는 아니다. 소비자들이 원하는 편익을 제공해 줄 수 있는 능력도 기술력으로 볼 수 있다. 자칫 마케팅이나 기술 등 한쪽으로 치우쳐 실패하는 사례도 있는데, 서로의 협력을 통해 시너지를 극대화할 수 있는 신제품을 개발해야 한다.

### (3) 성장 잠재력

시장에서 신제품이 성공하기 위해서는 잠재력을 가지고 있어야 한다. 마케터(marketer)는 신제품의 구식화 속도, 전체 잠재시장의 크기 등을 고려하여 성장 잠재력을 판단해야 한다. 또한, 기업은 성장 잠재력과 함께 진출한 제품시장에서의 경쟁자 수, 경쟁자의 자원과 능력 등도 고려해야 시장에서 성공할 수 있다.

### (4) 기업의 중요성

시장에서 신제품이 성공하기 위해서는 기업의 강점과 조화될 수 있는 제품을 개발해야 한다. 독특한 기술로 기존 제품과의 관련성이 높은 신제품을 출시하는 것이 성공할 가능성이 가장 크다고 할 수 있다. 그 밖에도 신제품의 성공에 중요한 기업 내부적 조건들로는 최고경영자의 지원, 신제품 개발과 관련된 기능 부서들 사이의 원활한 의사소통, 신제품을 성공시키려는 강한 의지를 가진 임직원, 효과적인 신제품 개발 조직 등을 들 수 있다.

### (5) 신제품 개발과정에 소비자의 욕구 도입

소비자가 원하는 바를 제품 설계과정에 충실히 도입하여 아이디어를 창출한 기업은 시장에서 성공할 확률이 높다.

### (6) 신제품 개발기간 및 출시 타이밍

많은 제품의 수명 주기가 짧아지면서 구식화의 속도도 점점 빨라지고 있다. 좋은 아이디어라 하더라도 출시의 적기를 놓치면 시장에서 성공하기 어렵다. 특히, 자동차나 반도체처럼 기술 집약적인 제품에 있어서는 적시 출시가 신제품 성공의 관건이 되는 경우가 많다. 따라서 가능한 개발기간을 단축시키려는 노력이 중요하다.

이와는 반대로 아직 성숙되지 않은 시장에 출시하여 좋은 신제품 아이디어가 실패로 끝나는 예도 적지 않다. 1970년대에 유명 패스트푸드점인 '맥도날드'가 한국시장에 진출을 시도했다가 실패한 뒤, 1980년대에 재시도한 끝에 성공의 실마리를 잡은 것은 제품 출시의 타이밍이 얼마나 중요한가를 가르쳐 주는 좋은 예라고 할 수 있다.

## 2) 신제품 개발과정

신제품 개발과정을 명확히 계획하여 실행하는 것은 성공적인 신제품 개발을 위해 반드시 필요한 활동이다. 일반적인 신제품 개발과정을 살펴보면 다음과 같다.

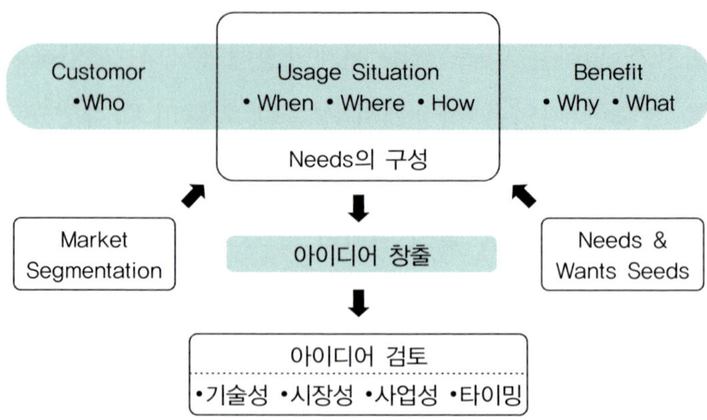


| | | |
|---|---|---|
| 1 | 아이디어 창출 | 신제품 개발에 필요한 아이디어를 지속적으로 창출하기 위해 다양한 아이디어 원천을 적극적으로 수렴하고, 아이디어를 성공시킬 수 있는 제반자원이 충분한가를 세밀히 검토 |

| | | |
|---|---|---|
| 2 | 제품개념 구체화 | 아이디어를 보다 구체화시키기 위해 소비자의 관점에서 의미를 부여 |
| 3 | 마케팅 전략 수립 | 목표시장의 규모, 구조 및 행동, 제품의 포지셔닝 계획, 신제품 개발 후의 몇 해 동안의 매출액, 시장점유율, 이익의 목표 등을 설정 |
| 4 | 사업성 분석 | Input대비 Output을 세부적으로 검토하여, 사업목적에 부합하는가를 객관적으로 판단 |
| 5 | 제품개발 | 제품 계획에 따라 실제 제품으로 개발·구체화되며, 시제품 제작이 끝나면 테스트를 실시 |
| 6 | 시험마케팅 | 제품 및 마케팅 프로그램을 실제적인 시장상황에서 시험해 보는 것으로, 제품의 성과를 대략적으로 테스트 |
| 7 | 상품화 | 시험마케팅의 결과를 토대로 신제품 출시를 결정하는 단계로, 이전의 단계보다 많은 비용이 소요되는 최종단계. 신제품의 출시 시기와 출시 지역을 전략적으로 결정 |

[그림 9-2] **신제품 개발과정**

## 2. 시장조사법

사업기획의 출발점은 시장조사이다. 시장조사를 통해 무엇을 조사할 것인지 목표를 분명히 설정하고, 계획을 수립한 후 확실하게 조사해야 한다. 즉, 시장조사를 왜 하는지, 어떻게 조사할 것인지, 정보는 어떻게 수집할 것인지, 수집한 자료는 어떻게 기획에 적용할 것인지 등에 대한 절차를 마련하고 시행해야 한다. [그림 5-3]은 시장조사의 절차를 설명한 것이다.

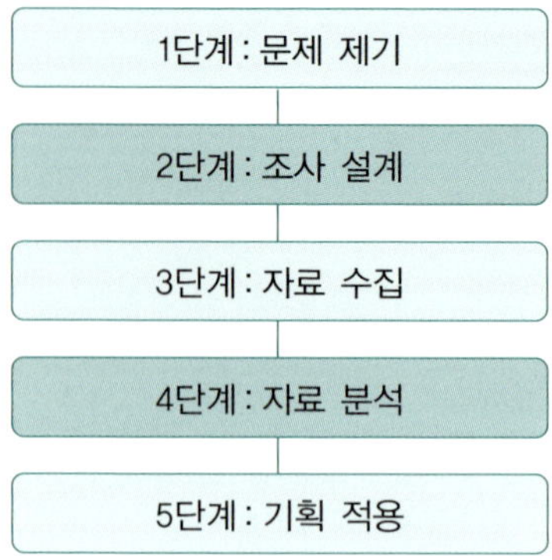


[그림 9-3] 시장조사의 절차

### ■ 1단계 : 문제 제기

문제 제기는 시장조사 방향을 설정하기 위한 첫 단계이다. 이 단계에서는 현재의 상태를 보완하고 기획을 하는 데 발생할 수 있는 문제점을 발견하고, 콘텐츠의 새로운 기회를 포착하기 위한 중요한 단계이다.

### ■ 2단계 : 조사 설계

조사 설계는 무엇을 조사할 것인지 향후 프로젝트와 관련된 시장조사 활동을 수행하고 통제하기 위한 청사진으로 네 가지 주요 활동과제가 있다.

- 도출된 문제점이나 보완사항에 대한 종합적인 검토
- 조사방법 및 조사의 틀을 설정하고, 자료 수집 절차와 자료 분석기법 선택
- 조사일정 및 조사예산(소요인원, 시간 및 비용) 편성
- 조사 설계가 잘 수립되었는지의 객관적인 평가

■ **3단계 : 자료 수집**

자료는 기획자가 직접 수집해야 할 1차자료(직접질문, 전화, 설문조사, 면접 등)와 타 연구기관이나 언론매체 등에 의해서 이미 수집된 2차자료(각종 문헌, 신문이나 잡지, 인터넷 검색엔진 이용)가 있다. 특히, 2차자료는 구하기는 쉬우 나 문제해결을 위해서는 부족한 점이 많다. 좋은 자료를 얻기 위해서는 직접 수집하는 1차자료 수집에 중점을 두어야 한다. 자료 수집은 온라인과 오프라인을 병행하며 특히, 현장을 중심으로 이루어져야 한다.

■ **4단계 : 자료 분석**

수집된 자료의 분석은 편집, 코딩(Coding), 통계적 기법으로 해석하는 방법이 있으며, 이는 기존 전략을 보완하고 수정하는 방식으로 진행되어야 한다.

■ **5단계 : 기획 적용**

시장조사를 통해 분석된 자료는 마지막으로 기획을 하는 데 적용되어야 한다. 이 단계에서는 새로운 프로젝트 전략을 수립할 수 있도록 분석자료를 가공하여 차별화된 기획을 할 수 있도록 업그레이드시키는 기획자(연구자)의 스킬이 필요하다.

## 1) 시장조사법

시장조사법은 크게 1차조사와 2차조사로 나누어진다. 1차조사는 자사의 콘텐츠(상품, 서비스)에 대한 목표고객, 기존 고객의 사용패턴, 상품 특징 등에 관한 자료 수집 및 조사를 하는 것이며,

2차조사는 관련 책자나 정기간행물 등을 통해 조사하는 것으로 1차조사보다 시간이 덜 소요되고 저렴한 비용으로 조사할 수 있다. 통상 일반적인 시장조사법은 1차적으로 인터넷을 통해 폭넓은 자료를 수집할 수 있다.

이러한 방법은 자료 수집이 용이하며 빠르고, 수집되는 정보가 다양하기 때문에 전제적인 동향, 세부적인 시장조사의 방향 설정 등에 많은 도움이 되는 장점이 있는 반면, 정보의 깊이가 깊지 않아 재가공을 해야 하는 단점이 있다. 그러므로 1차조사를 통해 전체 동향파악 및 시장분석의 방향을 설정하고, 2차적으로 세부적인 조사를 실시하는 것이 좋다.

관련 사업 동향에 관해 알고 싶다면 정보서비스 회사나 무역협회, 산업전문가로부터 정보를 입수할 수 있으며, 직접방문을 하거나, 컨설팅회사의 도움을 받는 방법도 있다. 유의할 점은 어떠한 방법을 택하든지 실질적인 조사와 함께 객관적인 근거를 제시할 수 있는 방법이어야 한다는 것이다. 많이 사용하는 시장 조사법은 다음과 같다.

- 질적조사 : 조사대상 50~60명 정도로 제한, 심층면접, 그룹토론
- 양적조사 : 개별면접, 전화면접, 우편·SNS 설문 등
- 응용조사 : 측정 콘텐츠(제품)나 서비스에 대한 응용조사, 제품의 인지도, 경쟁제품과의 차별성, 고객의 라이프스타일 등을 통해 얻는 조사
- 이론조사 : 질문에 대한 몇 개의 정해진 답안을 제시하여 선택하게 하는 방법

• 방법론조사 : 조사된 내용에 대한 조사로서 우편 등의 설문을 통해 실시

## 2) 시장조사 전 필수사항

스마트한 기획을 위해서는 현장을 조사하기 전에 시장조사를 효과적으로 수행하기 위해 다음 사항을 준비하도록 한다.

### (1) 인터넷을 통한 사전조사 필요

미리 준비하고 가면 200%의 효과를 거둘 수 있기 때문에 시장조사에 앞서 현 장에 대한 충분한 정보(위치, 구성, 현황 등)를 탐색하고 숙지한 후 현장을 방문하도록 한다.

보통 기업에서 해외출장을 다녀와 결과를 보고하는 것을 보면 사전에 현장조사를 하고 간 사람과 그렇지 않은 사람의 확연한 차이를 발견할 수 있다. 사전조사를 충분히 하고 출장을 간 사람은 어디에서 무엇을 볼 것인지를 사전에 정하고 갔기 때문에 구체적인 자료와 정보를 수집하고 새로운 아이디어까지 만들어 제안할 수 있지만 사전조사를 하지 않고 간 사람은 그냥 짜여 있는 스케줄대로 보고 온 것을 보고하여 이전의 출장자와 차이점을 발견할 수 없게 된다.

### (2) 현장조사 점검표 작성

현장에 가서 '무엇을 볼 것인지?', '누구를 만나 무엇을 조사할 것인지?', '기획에 어떻게 적용할 것인지' 등을 미리 생각하고 조사할 항목을 사전에 정리한다. 다음은 시간대별 현장조사 점검표

와 조사보고서 양식이다. 이러한 내용을 토대로 각자 자신에게 맞는 점검표를 작성하는 것이 좋다.

〈현장조사 점검표 (샘플)〉

| 일시 : | 조사지역 : | 조사자 : |
|---|---|---|
| 조사목적 및 포인트 | | |
| 조사내용 | 1.<br>2.<br>3. | |
| 조사대상 및 인터뷰 내용 | | |
| 현장사진 (내용설명) | | |
| 특이사항 | | |

| 시간 | 내용 | 장소 | 특이사항 | 비고 |
|---|---|---|---|---|
| 10:00~10:30 | | | | |
| 10:30~11:00 | | | | |
| 11:00~11:30 | | | | |
| 11:30~12:00 | | | | |
| 12:00~12:30 | | | | |
| 12:30~13:00 | | | | |
| 13:00~13:30 | | | | |

| | | | | |
|---|---|---|---|---|
| 13:30~14:00 | | | | |
| 14:00~14:30 | | | | |
| 14:30~15:00 | | | | |
| 15:00~15:30 | | | | |
| 15:30~16:00 | | | | |
| 16:00~16:30 | | | | |
| 16:30~17:00 | | | | |
| 17:00~17:30 | | | | |
| 17:30~18:00 | | | | |
| 18:00~18:30 | | | | |
| 18:30~19:00 | | | | |
| 19:00~19:30 | | | | |
| 19:30~20:00 | | | | |

### (3) 디지털카메라, 비디오카메라, 녹음기 등 준비

시장조사를 글로 정리하는 것도 중요하지만 보다 생생한 정보를 수집하기 위해서는 디지털카메라, 비디오카메라, 녹음기 등이 필요하다. 디지털카메라는 현장사진을 촬영하기 위해, 비디오카메라는 현장의 생생한 동영상을 촬영하기 위해, 녹음기는 고객과의 인터뷰를 담기 위해 필요하다. 요즘에는 이러한 기기를 한 번에 해결할 수 있는 스마트폰이 있으므로 이를 활용하여 정보를 수집하도록 하며, 현장에서 수집한 자료를 이메일로 전송하거나 블로그(Blog), 페이스북(Facebook), 인스타그램(Instagram) 등에 스크랩하여 바로 정리하거나 보고를 하도록 한다.

이처럼 시장조사를 잘하기 위해서는 디지털 기기를 적극적으로 활용하는 것이 중요하다.

### 시장조사 포인트

**• 현장에서 아이디어 발굴**

기획 아이디어, 아이템 등에 대한 보강은 책, 인터넷 등을 통해서도 정보를 얻을 수 있지만 실질적인 아이디어는 현장 속에 있다. 기획의 실용성 및 활용성을 높이기 위해 현장 탐방은 필수적이다. 현장 속에서 찾는 것이 고객과의 공감대를 형성할 수 있는 최선의 방법이다.

**• 타깃의 관심사와 동향파악**

시장조사를 통해 세상은 어디로 움직이고 있으며, 그 안에 고객들은 어떻게 반응하고, 관심사는 무엇인지를 파악할 수 있다. 기획자라면 고객의 움직임과 관심에 대해 항상 눈과 귀를 열어 놓고, 이를 기획에 적극 반영해야 한다.

**• 현장 속에서 새로운 크리에이티브(Creative) 발견**

시장조사의 주된 목적은 벤치마킹에 있다. 치밀한 기획을 바탕으로 이루어진 공간에는 반드시 크리에이티브적인 요소들이 살아 숨 쉬고 있기 때문에 이를 잘 발견하고, 기획에 활용하면 차별화된 기획으로 업그레이드시킬 수 있다.

**• 새로운 매체를 조사하고 적용**

상대적으로 사람들이 많이 모이는 장소에는 새롭고 시험적인 매체들이 많이 설치되어 있다. 그러므로 기획할 콘텐츠에 대한 효과적이고도 차별화된 PR을 위해 새로운 매체를 조사하고 이에 대한 활용도를 체크하여 콘텐츠 기획에 반영하는 것이 필요 하다.

• 트렌드 발견 및 이해

사람들이 많이 움직이는 장소를 잘 살펴보면 공통점을 발견할 수 있고, 이를 통해 트렌드를 알 수 있다. 일례로 강남역에서 1시간 정도 움직이는 사람들의 모습을 살펴보다 보면 패션 트렌드를 파악할 수 있고, 이를 바탕으로 새로운 패션 트렌드의 방향성을 기획하는 데 참고자료로 활용할 수 있다.

### 3) 시장조사 결과는 자료화하는 것이 중요하다.

시장조사를 마친 후에는 반드시 조사한 자료를 협의하고, 검토한 뒤 기획에 활용할 수 있도록 자료화하는 것이 필요하다. 특히, 사진이나 동영상은 바로 정리하지 않으면 어디서 촬영했는지 잘 기억이 나지 않을 수 있고 체계적인 정리를 할 수도 없다. 이에 프로 기획자들은 프로젝트가 주어졌을 때 현장을 방문하기도 하지만 평소에 현장을 주기적으로 방문하여 기획에 사용할 조사자료를 자료화해 놓는다. 즉, 철저히 사전준비를 하고 효율적인 현장조사를 한 뒤에는 반드시 느낀 점과 새롭게 얻은 아이디어 등을 정리하여 콘텐츠 기획에 적용하면 현장감 있고 차별화된 기획을 할 수 있게 된다. 시장조사를 할 때는 현장 방문하기에 좋은 시간, 장소, 조사방법이 있다.

시간은 주중 유동고객이 많은 시간 및 주말시간을 활용하는 것이 좋으며, 장소는 콘텐츠와 관련된 현장을 우선으로 하고, 이차적으로는 고객의 기호와 트렌드를 파악할 수 있는 인구밀집 장소를 대상으로 한다.

조사방법은 주기적으로 정례화하여 방문하는 것이 중요하며,

현장 방문 시에는 체크리스트, 디지털카메라, 메모노트 등을 소지하고 현장에서 바로 생생하게 기록을 남기도록 하는 것이 필요하다.

| 구분 | 주요내용 |
|---|---|
| 방문 일시 | • 가급적 주말이나 평일 유동인력이 많은 시간을 선택한다.<br>• 타깃 고객이 많이 모이는 시간을 선택한다. |
| 방문 장소 | • 프로젝트와 연관된 곳을 우선적으로 선택하되, 아이디어개발, 고객동향, 트렌드 파악을 위해 관련된 주요 장소나 서점, 전문유통(할인점, 카테고리 킬러숍) 전시장, 문화시설 등을 방문한다. |
| 조사 방법 | • 월 2회 이상을 방문한다.<br>• 방문 전에는 반드시 사전조사 및 체크리스트를 준비한다.<br>• 현장에서 고객의 의견을 청취한다.<br>• 현장에서 얻은 자료는 장소와 실명(조사대상) 등을 기록한다.<br>• 현장자료는 반드시 촬영한다.<br>• 메모노트를 가지고 이동 중에도 자료 및 아이디어를 기록한다.<br>• 제작물(카탈로그, 티켓, 포스터, 전단, 현수막, 초청장 등)을 수집한다. |
| 조사 항목 | • 가격, 판매현황, 진열형태, 고객 및 판매원 반응 등을 살핀다. |

## 4) 시장조사 보고서 작성

서론에서는 보고서의 윤곽을 제시하여 관심을 유도하며 시장조사의 필요성, 목적, 범위, 방법, 의의, 중요성 등을 중심으로 작성한다. 본론은 조사내용(현황, 특징, 주목할 점 등)을 분석하고 샘플, 사진 등의 자료를 포함시킨다. 결론은 전체 내용을 요약한 후 해결책을 제시하여 정확한 결정을 내릴 수 있도록 하며, 콘텐츠의 향후 개발 및 제작 방안을 제시하도록 한다. 시장조사 보고서를 작성할 때는 3가지 기본원칙이 있다.

첫째, 작성 전에 충분히 구상을 해야 한다. 왜 시장조사를 하는지, 무엇을 조사할 것인지, 조사한 것을 어떻게 적용할 것인지를 미리 충분히 생각한 후 보고서의 프레임을 짜도록 한다. 일반적으로 보고서는 서론, 본론, 결론, 참고자료 순으로 구성한다.

둘째, 정확하고 명확한 문장을 사용한다. 추상적인 표현보다는 숫자를 사용 하여 구체화시키는 것이 중요하며 검토자가 잘 판단할 수 있도록 간결하고 짧게 직접적인 표현을 사용한다.

셋째, 표나 그림, 적절한 예시를 제시한다. 텍스트만으로 작성된 보고서는 검토자에게 지루한 감을 주고 특히, 현장감이 떨어져 정확한 판단을 내리기 어려우므로 표, 그림, 사례 등을 적절히 삽입하도록 한다.

보고서 작성에서 유의할 점은 보고의 주제를 명확히 파악하여 작성하는 것이 필요하며 충분한 자료 수집과 다양한 관점에서 비교·분석하도록 한다.

## 3. 기획서 작성의 핵심

### 1) 기획서 작성의 핵심포인트

- 가득 채우기보다는 여백의 미를 고려하라.
- 디테일보다 키워드로 요약하라.

- 가급적 포인트를 3가지로 정리하라.
- 명확히 이해할 수 있는 흐름을 보여줘라.
- 문장만이 아니라 비주얼로 차별화하라.
- 특색 없는 이미지보다 실제 사진을 활용하라.
- 고객이 이해하기 쉽게 비교법을 사용하라.
- 수치보다 그래프로 표현하는 방법을 연구하라.
- 복잡하지 않도록 이미지를 통일하라.
- 상대의 꿈을 실현하는 제안을 하라.

### 2) 기획서의 8요소

- why : 왜 이 기획을 입안하는가?
- what : 이 기획으로 무엇을 하려 하는가?
- target : 무엇에 대해 이 기획을 실시하는가?
- how : 이 기획을 어떻게 추진하려고 하는가?
- when : 언제 어떠한 일정으로 추진하려고 하는가?
- who : 누가 하는가?
- where : 어디에서 실시하는가?
- how much : 비용과 이익은 어떠한가?

### 3) 프레임 설정

- 살보다 통뼈가 중요하다.
- 숲을 그리고 나무를 심는다.

- 요약해 주고 상세하게 풀어간다.
- 핵심과 부연
- 연역적 방법
- 답부터, 결론부터 말하기

### 4) 메시지를 강조하는 방법

- 덜 중요한 항목은 회색으로 처리하기
- 정보를 강조하기 위한 색 사용하기
- 모양을 다르게 지정해 차이점 강조하기
- 크기의 차이를 이용해 핵심 강조하기
- 관련 있는 것끼리 가깝게 배치하기

### 5) 비즈니스 글쓰기

- 상사가 이해하고 설득이 되도록 한다.
- 목적을 충분히 생각하고 작성한다.
- 'know-how'보다 'know-where'가 중요하다.

### 6) 기획서가 갖추어야 할 가장 기본적인 4법칙

차별성 + 접근 용이성(이해 및 보기가 쉬워야 한다), 집중성(기획서의 모든 메시지는 콘셉트를 향해 집중되어야 한다), 일관성

## 4. 돈 되는 지식재산권의 확보

지식재산권(Intellectual Property Rights)이란 사람의 정신적, 지능적 능력의 결정체인 창작에 대하여 사회에 공개하는 대가로 국가가 공권력에 의해 부여해 주는 독점권을 말한다. 보통 우리가 알고 있는 통상의 동산이나 부동산과는 달리 형체가 없기 때문에 무체재산권이라고도 한다.

오늘날과 같이 기술적 창작활동이나 문화·예술 활동이 급속하게 발전하고 있는 첨단기술 정보사회와 사람의 두뇌에 기초한 경제사회의 다양화, 고속화, 자동화, 종합화로 인한 사회에서는 지식재산권의 관리능력이 개인이나 기업의 생존을 좌우하는 경우가 많다. 지식재산권의 종류로는 [그림 9-4]와 같이 산업재산권, 저작권, 신지식재산권으로 구분할 수 있다.

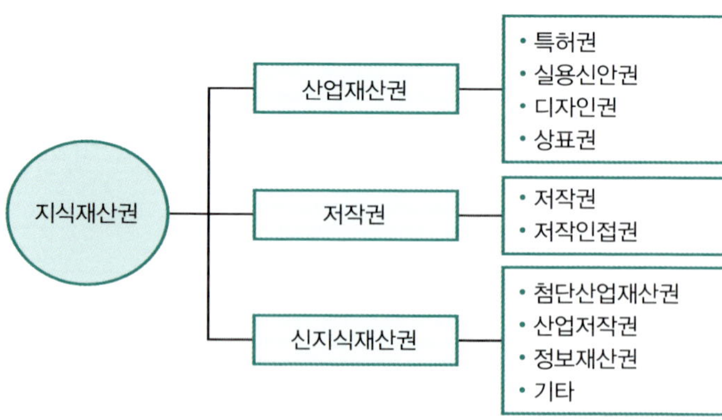


[그림 9-4] 지식재산권의 종류

### 1) 지식재산권은 왜 필요한가

- **시장에서의 독점적 지위 확보**

  지식재산권은 독점배타적인 무체재산권으로 신용창출, 소비자의 신뢰도 향상 및 기술판매를 통한 로열티 수입이 가능하다.

- **특허분쟁의 예방 및 권리보호**

  자신의 발명 및 개발기술을 적시에 출원 및 권리화함으로써 타인과의 분쟁을 사전에 예방하고, 타인이 자신의 권리를 무단 사용 시 적극적으로 대응하여 법적 보호가 가능하다.

- **연구개발 투자비 회수 및 향후 추가 기술개발의 원천**

  막대한 기술개발 투자비를 회수할 수 있는 확실한 수단이며, 확보된 권리를 바탕으로 타인과 분쟁 없이 추가 응용 기술개발이 가능하다.

- **정부의 각종 정책자금 및 세제지원 혜택**

  지식재산권을 보유하고 있는 경우 특허기술 사업화 자금지원을 비롯하여 각종 정부자금 활용과 세제지원 혜택이 주어진다.

### 2) 산업재산권의 개념 및 분류

산업재산권(Industrial Property Right)은 새로운 발명에 대하여 그 창작자에게 일정 기간 동안 독점 배타적인 권리를 부여하는 대신, 이를 일반인에게 공개하도록 하여 일정기간이 지나면 누구나 이를 이용할 수 있도록 함으로써 기술 진보와 산업 발전을 추구하는 제도이다.

산업재산권은 특허권, 실용신안권, 디자인권, 상표권을 총칭하며, 산업활동과 관련된 사람의 정신적 창작물(연구 결과)이나 창작된 방법을 보호하고 그 독점적 권리를 인정하기 때문에 무체재산권의 일종으로 분류된다. 〈표 9-1〉은 산업재산권의 개념 및 분류를 설명한 것이다.

〈표 9-1〉 **산업재산권의 개념 및 분류**

| 구분 | 특허권 | 실용신안권 | 디자인권 | 상표권 |
|---|---|---|---|---|
| 정의 | 자연법칙을 이용한 기술적 사상의 창작으로써 발명 수준이 고도화된 것(대발명) | 자연법칙을 이용한 기술적 사상의 창작으로써 물품의 형상·구조·조합에 관한 실용 있는 고안(소발명) | 물품의 형상·모양·색채 또는 이들이 결합한 것으로써 시각을 통하여 미감을 느끼게 하는 것 | 타인의 상품과 식별하기 위하여 사용되는 기호·문자·도형·입체적 형상·색채, 홀로그램·동작 또는 이들을 결합한 것 |
| 보기(전화기) | 알렉산더 그레이엄벨이 전자를 응용하여 처음으로 전화기를 생각해 낸 것 | 분리된 송수화기를 하나로 하여 편리하게 한 것 | 탁상전화기를 반구형이나 네모꼴로 한 것 | 전화기 제조회사가 제품이나 포장 등에 표시하는 상호·마크 |
| 존속기간 | 설정등록일로부터 출원일 후 20년까지 | 설정등록일로부터 출원일 후 10년까지 | 설정등록일로부터 출원일 후 20년까지 | 설정등록일로부터 10년(10년마다 갱신 가능, 반영구적 권리) |

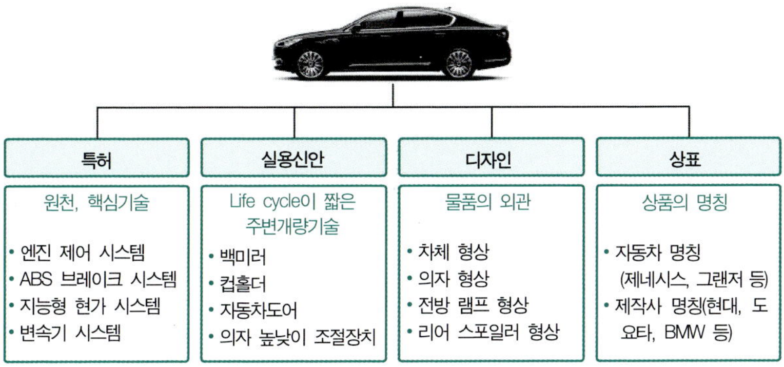


[그림 9-5] 산업재산권 분류의 예시

〈표 9-2〉 참고자료: 특허제도와 실용신안제도 비교

| 구분 | | 특허 | 실용신안 |
|---|---|---|---|
| 등록 | 보호대상 | 자연법칙을 이용한 기술적 사상의 창작으로서 고도한 것 | 물품의 형상·구조 또는 조합에 관한 자연법칙을 이용한 기술적 사상의 창작 |
| | 등록요건 | 신규성, 진보성 등 실체적 요건 | 특허와 동일 |
| | 결정방법 | 특허결정 또는 특허거절 결정 | 실용신안 등록결정 또는 실용신안 등록결정 거절 |
| 권리 행사 | 권리존속기간 | 20년 | 10년 |
| | 권리행사의 요건 | 설정등록 | 특허와 동일 |
| | 침해자의 과실추정 | 설정등록 후 | 특허와 동일 |
| 권리 취소 무효 | 이의신청 | 이의신청제도가 무효심판제도로 통합 | 특허와 동일 |
| | 심사청구 | 출원부터 5년 이내, 누구든지 가능, 취하할 수 없음 | 출원부터 3년 이내, 누구든지 가능, 취하할 수 없음 |
| | 무효심판 | • 설정등록이 있는 날부터 등록공고일 후 3개월 이내에는 누구든지 가능 | 특허와 동일 |

| | | | |
|---|---|---|---|
| | | • 등록공고일 후 3개월 이후에는 이해관계인 또는 심사관만 가능 | |
| 기타 | 우선심사제도 | 있음 | 있음 |
| | 진보성 | 용이하게 발명가능한지 여부 | 극히 용이하게 고안가능한지 여부 |
| | 정정가능절차 | 무효심판, 정정심판, 정정의 무효 심판 | 특허와 동일 |

〈표 9-3〉 **참고자료: 상표의 종류**

| 구분 | 상표 | 서비스표 | 업무표장 | 단체표장 |
|---|---|---|---|---|
| 정의 | 타인의 상품과 식별하기 위해 사용하는 표장(과자, 옷, 학용품, 자동차 등에 사용) | 타인의 서비스업과 식별하기 위해 사용하는 표장(광고업, 금융업, 요식업 등에 사용) | 국내에서 비영리 업무를 영위하는 자가 업무를 나타내기 위해 사용하는 표장 | 동종업자의 법인이 단체참여자의 영업에 관한 상품 또는 서비스업에 사용하는 표장 |
| 사례 | 청정원 | 본죽&비빔밥 cafe | KORAIL | 무안양파 |
| 등록번호 | 40-0000000 | 41-0000000 | 42-0000000 | 44-0000000 |
| 권리자 | 대상 주식회사 | 본아이에프 주식회사 | 대한민국 철도청 | 무안양파 영농조합법인 |

## 3) 저작권과 저작인접권

저작권은 지식재산권의 하나로서 인간의 사상 또는 감정 등을 독창적으로 표현한 창작물인 '저작물'에 대하여 창작자가 가지는 독점적·배타적인 권리를 말하며, 산업재산권과 달리 창작과 동시에 보호를 받으며 보호받기 위하여 별도의 등록 절차나 방식을 필수적으로 요구하지는 않는다. 〈표 9-4〉는 저작권과 저작 인접권의 비교를 설명한 것이다.

〈표 9-4〉 **저작권과 저작인접권의 비교**

| 구분 | 저작권 | 저작인접권 |
|---|---|---|
| 정의 | 사람의 생각이나 감정을 표현한 결과물에 대하여 그 표현한 사람에게 주는 권리로 저작인격권과 저작재산권으로 구 분됨 | 글자 그대로 저작권에 인접한, 저작권과 유사한 권리로서 이 권리는 실연자(배우, 가수, 연주자), 음반제작자 및 방송 사업자에게 귀속됨 |
| 예시 | 소설가가 소설작품을 창작한 경우에 원고 그대로 출판·배포할 수 있는 복제·배포권과 함께 그 소설을 영화나 번역물 등과 같이 다른 형태로 저작할 수 있는 2차 저작물 작성권, 연극 등으로 공연할 수 있는 공연권 등 | • 실연자가 그의 실연을 녹음 또는 녹화하거나 사진으로 촬영할 권리<br>• 음반제작자는 음반을 복제·배포할 권리<br>• 방송사업자는 그의 방송을 녹음·녹화·사진 등의 방법으로 복제하거나 동시 중계방송할 권리 |
| 보호 기간 | • 사람이 저작자인 경우에는 저작물을 창작한 때로부터 시작되어 저작자가 살아 있는 동안과 사후 70년간<br>• 법인이나 단체가 저작자인 경우는 공표한 다음해부터 70년간 | • 실연의 경우에는 그 실연을 한 때부터 70년간<br>• 음반의 경우에는 음반을 발행한 때로부터 70년간<br>• 방송의 경우에는 방송을 한 때부터 70년간 |

### 4) 신지식재산권의 개념 및 분류

신지식재산권이란 전통적인 산업재산권, 저작권의 범주에 속하지 않으면서 경제의 발전 및 변화와 함께 그 보호의 필요성이 대두된 새로운 지식재산권을 말한다. [그림 9-6]은 신지식재산권의 개념 및 분류를 설명한 것이다.

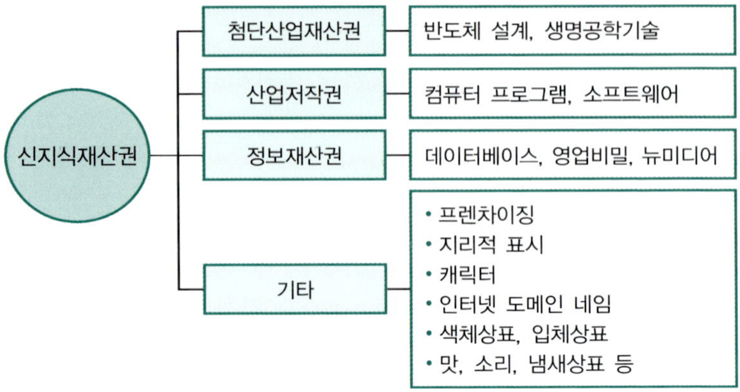


[그림 9-6] 신지식재산권의 개념 및 분류

## 5. 프레젠테이션 스킬업

프레젠테이션이란 개인이 가지고 있는 지식 또는 정보를 상대방에게 알기 쉽도록 다양한 기법을 활용하여 전달하는 표현기술이다. 주어진 시간 안에 자신이 전달하고자 하는 내용을 명확히 전달하거나, 상대방을 설득하는 것은 그리 쉬운 일이 아니다. 따라서 많은 연습을 통해 효과적으로 발표할 수 있는 능력을 기르는 것이 요구된다.

또한, 프레젠테이션의 발표내용을 구성할 때는 일반적으로 서론 → 본론 → 결론의 순서인 '3단 논법'을 많이 사용한다. 참고로, '래니 아르돈도(Lani Arredondo)'가 제시한 자료 조직화의 5단계에 따라 발표내용을 구성하면 매우 효과적이다.

| 단계 | 주요내용 |
|---|---|
| 1단계 | 프레젠테이션 발표시간을 결정한다.(60분) |
| 2단계 | 시작과 끝맺는 부분(각 5분) |
| 3단계 | 알맞은 요지의 수를 결정한다.<br>3-3-3기법(오프닝 〉 주제 〉 소주제 1, 2, 3 〉 본론 1, 2, 3 〉 요약 1, 2, 3 〉 결론) |
| 4단계 | 각 단계별로 세분화 및 구체화한다. |
| 5단계 | 내용 개발 및 부제목, 주제목을 결정한다. |

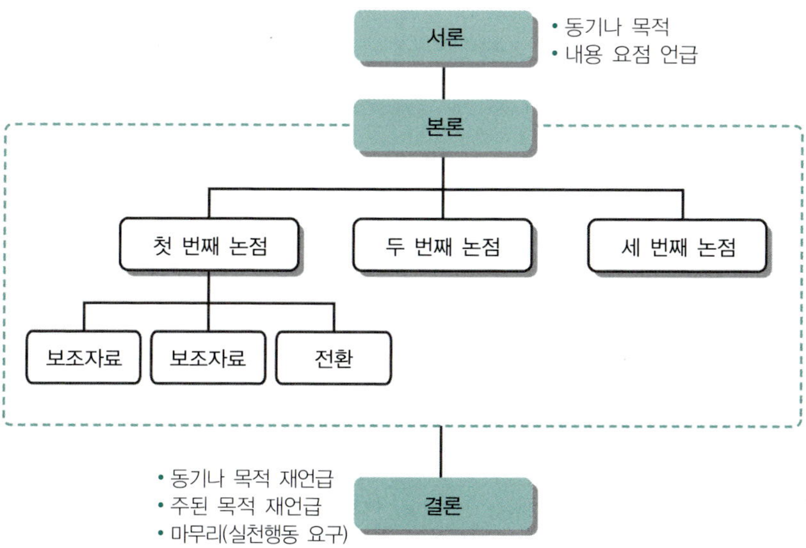

[그림 9-7] **발표내용의 구성**

## 1) 3P 분석

해당 주제를 발표하기에 앞서 3P(Purpose, Place, People) 분석

을 명확히 파악해야 한다.

#### (1) 목적(Purpose)분석

프레젠테이션의 목적이 정확하게 무엇인지를 파악하는 것이다. 즉, 목적분석은 ① 왜 프레젠테이션을 하는가, ② 청중은 무엇을 기대하고 있는가, ③ 청중으로부터 최종적으로 무엇을 얻고 싶은가에 대한 목적을 정하는 것이라고 할 수 있다.

#### (2) 장소(Place)분석

장소분석은 프레젠테이션을 실시하는 구체적인 장소뿐 아니라 일정 및 시간까지 포함한다. 따라서 시연 장소에 따라 프레젠테이션을 준비하는 과정도 달라질 수 있기 때문에 프레젠터(Presenter)는 발표장소의 환경을 면밀하게 살펴보아야 한다.

#### (3) 청중(People)분석

청중분석은 청중이 원하는 것(Needs), 청중의 특성 및 주제에 대한 지식수준, 호감도 등을 파악하는 것이다. 이에 따라 프레젠테이션의 전개방식을 결정해야 한다.

### 2) 주제 전개 및 조직화

- 발표할 내용을 단계별로 구성하며, 필요한 자료에 대해 충분히 이해한다.
- 발표내용을 청중이 호응하며 들을 수 있도록 적절한 표현방식

을 고민한다.

- 일반적으로 20분 정도의 발표일 경우에는 세부영역을 3~4개로 제한한다.
- 특히, 발표내용의 결론을 준비하는 데에는 단순한 요약이나 주제의 재강조가 아닌 그 이상의 것이 되도록 하여야 한다.

**자료 조직화 방법**

자료를 조직화하는 방법에는 다음과 같은 몇 가지 유형이 있다.

- 전체와 부분 : 큰 주제와 그에 따른 작은 주제로 구분하여 전개하는 방법
- 시간적 순서 : 과거로부터 현재까지의 사건의 흐름을 중심으로 전개하는 방법
- 문제해결 : 문제의 인과관계를 풀어 해결방안을 제시하는 방법
- 공간적 순서 : 전후, 좌우, 동서남북 등 공간적 배치를 기준으로 전개하는 방법
- 뉴스 기사식 : '5W(Who, What, When, Where, Why)'식으로 전개하는 방법
- 최선의 대안 : 제시된 대안을 하나씩 제시하면서 최적의 대안을 결정하는 방법

### 3) 발표 전 유의사항

- 도입부에서 간단한 유머를 통해 청중을 집중시킨다.

- 발표의 도입, 주제 제시, 본론, 결론의 주요 키워드 등을 메모하여 발표할 때 사용할 수 있도록 준비한다.
- 전달할 내용이 논리적인지, 표현이나 자료가 적절한지, 내용의 순서가 적합한지에 대한 전체적 흐름을 검토한다.
- 발표내용을 강조하기 위한 제스처를 고민한다.
- 발표주제 이외의 내용은 다루지 않는다.
- 예상질문을 준비한다.
- 제한시간을 준수한다.
- 실제 발표를 하기 전에 사전에 시연해 본다.
- 시선은 가능한 여러 사람을 골고루 바라보되, 시선을 너무 자주 바꾸지 않는다.

〈표 9-5〉 **설득력을 높이는 표현법**

| 요소 | 주요내용 |
|---|---|
| 언어적 표현법 | 목소리 톤, 발음, 음색, 고저, 강약, 속도 및 쉼표 |
| 비언어적 표현법 | 표정과 눈 맞춤, 몸동작, 복장, 태도 등 |
| 질문법 | 반대 의견 처리하기, 질문이 나오지 않는 경우 대처하기 |

### 바람직한 표현법

- 자연스럽게 말하되 능동태를 사용한다.
- 전문용어나 약어 등은 가급적 자제하며, 쉬운 어휘를 사용한다.
- 극단적인 표현은 삼간다.

  예) 결코, 절대로, 아무도, 반드시, 모두, 전혀, 일체, 모조리 등

## 6. 사업화를 추진하기 위한 5가지 핵심요소

사업화를 추진하기 위한 핵심요소로는 사업화 조직, 사업적 가능성, 사업모델, 기술적 가능성, 권리화를 들 수 있다. [그림 9-8]은 사업화를 추진하기 위한 5가지 핵심요소를 나타낸 것이다.

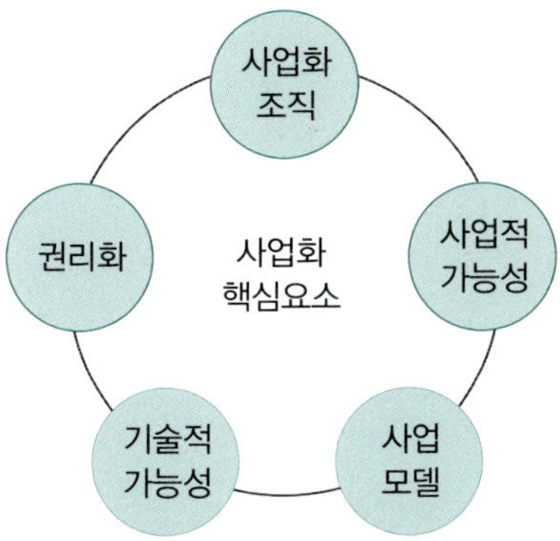


[그림 9-8] 사업화를 추진하기 위한 5가지 핵심요소

■ **사업화 조직**

기술사업화를 위해서는 우선 이를 추진할 조직이 구성되어야 하는데, 이 중 가장 중요한 참여자는 사업을 중추적으로 추진할 사업화 추진팀장이다. 또한, 사업화 추진팀장을 중심으로 팀원들이 필요하며, 이 외에 이들의 활동을 지원해 줄 수 있는 후원자를 확보하는 것도 매우 중요하다. 팀원들만으로 사업화를 추진하기 어려울 경우에는 외부 조직을 활용할 필요가 있다.

■ **사업적 가능성**

해당 아이템에 대한 사업적 가능성을 확인해볼 필요가 있는데,

이를 위해서는 잠재고객을 정의하고, 시장으로 진입하기 위한 채널을 확인해야 하며, 경제적인 가능성 및 사업가치 등을 심층적으로 고려해 보아야 한다.

■ **사업모델**

사업적 가능성이 있는 여러 대안 중에서 최종적으로 선정한 사업아이템에 대해 구체적인 사업모델을 설정하고, 사업화에 필요한 기술이 경제성을 유지할 수 있는지를 확인해 볼 필요가 있다. 또한, 해당 시장을 분석하고, 사업과 관련된 라이선스 여부도 확인해 보아야 하며, 자금조달 및 현금흐름(Cash Flow)을 포함한 재무분석도 필요하다.

■ **기술적 가능성**

해당 기술의 명세를 작성한 후, 이 기술이 실용적 목적에 부합하는지의 여부와 프로토타입(Prototype)을 통해 기술이 제대로 구동될 수 있는지도 확인하여야 한다. 또한, 이 기술로 구현될 제품의 원가를 분석해 보고, 사업화에 필요한 인프라와의 적합성도 따져 볼 필요가 있다.

■ **권리화**

해당 기술과 관련된 특허들의 위치와 권리청구범위(Claim)를 파악하고 이들에 대한 진입장벽 및 영업비밀(Trade Secrets)도 검토해 볼 필요가 있다.

# 7. 사업화 프로세스

사업화 프로세스는 1단계 사업기회 파악, 2단계 사업개발, 3단계 사업전개, 4단계 성과확산 등으로 이루어진다. [그림 9-9]는 단계별 사업화 프로세스를 나타낸 것이다.

## 1) 1단계 : 사업기회 파악

### ■ 관련시장 파악

- 해당 기술에 대한 전반적인 시장규모를 분석한다.
- 시장을 세분화하되, 각 세그먼트별로 고객, 경쟁자 규모 등을 파악한다.
- 관련 기술의 추이를 파악한다.

| 1단계<br>사업기회 파악 | 2단계<br>사업개발 | 3단계<br>사업전개 | 4단계<br>성과확산 |
|---|---|---|---|
| •관련시장 파악<br>•기술역량 확인<br>•사업아이템 도출<br>•잠재시장 규정<br>•잠재적 사업모델 규정<br>•최적의 사업 아이템 선정 | •필요기술에 집중<br>•수익성 확인<br>•제품수용 테스트<br>•제품조정<br>•사업가치 파악<br>•제품확정<br>•목표시장 결정<br>•제품 NABC 작성<br>•업무확정 및 수행<br>•사업개발팀장 선정 및 확보<br>•팀 가동<br>•협력자 확보<br>•핵심인력 추가<br>•사업계획 준비 | •시장전개 현황 모니터링<br>•보완요소 개발<br>•시장개발 계획 수행<br>•자금확보<br>•사업모델 구축<br>•파트너협력 추가<br>•제품인력 추가<br>•지원인력 추가<br>•지원인프라 투자<br>•사업운영 | •새로운 사업기회 발굴<br>•새로운 역량 추가<br>•새로운 사업개발 계획 창출 |

[그림 9-9] 단계별 사업화 프로세스

■ **기술역량 확인**

- 개발된 기술이나 특정 툴과 같이 현재 보유하고 있는 역량을 파악한다.

■ **사업아이템 도출**

- 사업아이템별로 평가를 실시한다.
- 사업성과나 사업가치 등과 같은 평가기준을 설정한다.

■ **잠재시장 규정**

- 시장의 니즈를 파악하고, 잠재시장의 범위를 좁힌다.
- 시장선정의 기준을 마련하여 잠재시장을 선별한다.
- 해당 기술에 대한 실현가능성이 높을 것으로 판단되는 1~2개의 목표시장을 선택한다.

■ **잠재적 사업모델 규정**

- 여러 가지의 가능성에 대해 검토한다.
- 사업목적에 대해 각 모델별로 찬반양론을 평가한다.
- 하나의 사업모델, 또는 사업모델의 조합을 선택한다.

■ **최적의 사업아이템 선정**

- 평가결과를 분석한다.
- 설정된 선정기준에 따라 최적의 사업아이템을 선정한다.

## 2) 2단계 : 사업개발

**■ 필요기술에 집중**

- 기술역량을 사업아이템 및 제품과 연계한다.
- 기술역량을 정의하고, 담당자를 선정한다.
- 기술역량 담당자와 업무계획을 수립한다.

**■ 수익성 확인**

- 기술사업화의 성과를 평가할 담당자를 결정한다.
- 분석한 사업성과를 상세히 기록한다.

**■ 제품수용 테스트**

- 신제품의 성능 및 이점에 대해 시장 관련자들의 의견을 수렴한다.
- 시장 관련자들이 신제품에 대해 관심을 갖는지 파악한다.

**■ 제품조정**

- 사업개발자나 사업부 등의 관점에 따라 제품을 수정한다.
- 불확실성이 클 경우에는 사업아이템에 대해 재점검한다.

**■ 사업가치 파악**

- 사업가치 창출의 가능성을 파악하기 위해 재무적인 분석을 실시한다.
- 제품・시장 테스트와 고객 반응에 대한 결과를 종합한다.
- 예상되는 자금과 소요자원을 추가로 고려한다.

■ **제품확정**

- 최종적인 제품을 서술한다.
- 그동안의 조사, 분석을 통해 파악된 결과를 상세히 기록한다.

■ **목표시장 결정**

- 시장에 대해 파악한 결과를 검토한다.
- 목표시장에 대한 선정기준을 마련하고, 1~2개의 목표시장을 선정한다.

■ **제품 NABC 작성**

- 시장의 Needs, Approach, Benefits, Competition을 정의한다.
- 어떻게 시장 Needs를 만족시키고 Benefits을 제공할 것인지를 구체화한다.

■ **업무확정 및 수행**

- 가치제안(Value Proposition)을 실시한다.
- 출시를 결정하고, 제품・서비스를 제공한다.

■ **사업개발팀장 선정 및 확보**

- 평가표를 마련한다.
- 팀장에 대한 예비 목표 및 관련된 보상기준을 마련한다.
- 시장 지향적인 후보자들을 조사하고 접촉한다.
- 후보자들을 정한 후, 인터뷰를 통해 최종적으로 팀장을 결정한다.

■ **팀 가동**

- 사업개발팀을 구성하고 가동한다.

- 성과를 평가하고, 경제적 가치를 구체화한다.
- 제공할 신제품을 검토해 보고, 필요시에는 제품기술에 적절한 수정을 진행한다.

■ **협력자 확보**

- 시장진입의 포인트 및 핵심역량을 가진 협력자들을 파악한다.
- 선정된 시장에 가장 적합한 협력자들의 순위를 결정한다.
- 이들과의 협력에 따른 매출과 운영비용을 추정한다.

■ **핵심인력 추가**

- 사업에 필요한 역량을 정의하고, 후보자들을 결정한 후 팀에 합류시킨다.
- 필요한 자원을 동원하기 위해 계약, 동업 등을 추진한다.

■ **사업계획 준비**

- 최종적인 사업모델을 선택하고 확정(당초의 사업모델과 다를 수도 있음)한다.
- 시장진입 전략, 마케팅, 사업운영, 팀원 구성 등을 포함시킨다.
- 재무적인 분석을 포함시킨다.

### 3) 3단계 : 사업전개

■ **시장전개 현황 모니터링**

- 간단한 모니터링시스템을 운영한다.
- 신기술, 신시장, 파트너 등과 같이 사업계획에 영향을 줄 수

있는 요소들의 동향을 파악한다.

- 가장 잠재력이 큰 시장에 대해 사업적 가능성을 타진한다.

■ **보완요소 개발**

- 제품에 대한 브로슈어를 준비한다.
- 잠재고객을 대상으로 한 발표회나 설명회를 준비한다.

■ **시장개발 계획 수행**

- 잠재고객을 A, B, C등급으로 설정한다.
- 1차 접촉대상 고객을 선정한다.
- A등급 고객을 대상으로 설명회를 실시한다.
- 고객의 반응을 검토하고, 필요시 제품을 수정한다.

■ **자금확보**

- 목표시장에 진출하는 데 필요한 자금을 파악한다.
- 자본투자자들과의 네트워크를 구축한다.
- 파트너나 투자자 대상으로 사업설명을 위한 핵심자료를 준비한다.
- 1차 자금조달을 위한 최종 사업계획서를 작성한다.

■ **사업모델 구출**

- 선정된 사업모델을 추진하는 데 필요한 항목들을 도출한다.
- 기업 내부의 사업 프로세서와 관련 부서와의 합의를 도출한다.
- 파트너의 조직과 자원을 적절히 연계한다.

■ **파트너협력 추가**

- 필요로 하는 자원을 파악한다.

- 잠재적인 파트너들과 그들의 자원을 파악한다.
- 가장 적합할 것으로 판단되는 3개 정도의 파트너들과 협의를 추진한다.
- 필요하다면, 파트너십이나 협력체제를 구축한다.

■ **제품인력 추가**

- 선정된 시장세분화에 따라 필요한 인력을 결정한다.
- 후보자들을 검토한 후에 팀에 합류한다.

■ **지원인력 추가**

- 선정된 사업계획에 따라 재무, 인사, 총무 등과 같은 필요한 지원인력을 결정한다.
- 후보자들을 검토한 후에 팀에 합류한다.

■ **지원인프라 투자**

- 설비, 건물, 통신망 등과 같이 필요한 인프라를 파악한다.
- 건물 부지, 설비, 자재공급자 등을 결정한다.

■ **사업운영**

- 사업계획을 실행한다.
- 성과를 파악하여, 필요시에는 사업전략이나 실행계획을 수정한다.

## 4) 4단계 : 성과확산

■ **새로운 사업기회 발굴**

- 사업적 성공과 새로운 시장기회를 연계한다.

- 1~2개의 새로운 사업기회를 선택하고 평가한다.
- 새로운 사업기회에 필요한 역량과 현재의 보유역량을 연계한다.

■ **새로운 역량 추가**

- 새로운 시장에 필요한 역량을 파악한다.
- 현재 보유역량과의 잠재적인 갭을 파악한다.
- 새로운 역량과 기존 역량을 통합한다.

■ **새로운 사업개발 계획 창출**

- 2단계(사업개발) 프로세스를 수행한다.
- 현재의 사업계획 및 활동과 연계한다.

## 5) 단계별 사업화 프로세스

앞에서 설명한 사업화 핵심요소들을 파악하고 나면, 본격적인 사업화를 추진해야 하는데, 사업화는 [그림 9-10]과 같이 사업기회 파악, 사업개발, 사업전개, 성과확산의 4단계로 구분해 볼 수 있다.

### (1) 1단계 : 사업기회 파악

사업기회 파악에서 가장 우선적으로 추진해야 하는 사항은 해당 기술에 대한 전반적인 시장규모를 예측하는 것이다. 시장을 세분화하되, 각 세그먼트별로 고객, 경쟁자 규모, 관련 기술의 추이를 파악해야 한다. 또한, 개발된 기술이나 특정 툴과 같이 현재 보유하고 있는 역량을 이해하고, 사업아이템별로 평가를 실시하여 사업성과나 사업가치 등과 같은 평가기준을 설정할 필요가 있다.

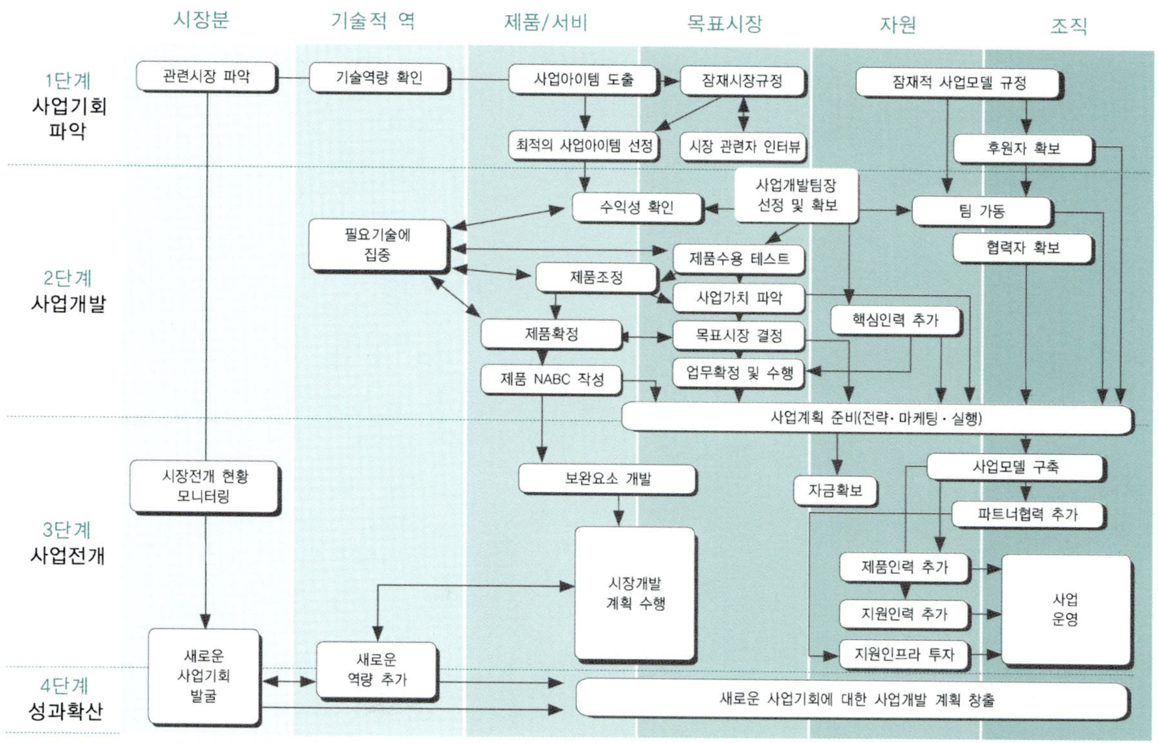


[그림 9-10] 단계별 사업화 프로세스

잠재적 시장과 사업모델을 규정하는 문제도 매우 중요하다. 잠재시장을 규정하는 데 있어 시장의 니즈를 이해하고, 잠재시장의 범위를 좁혀야 하며, 시장선 정의 특정기준을 마련하여 잠재시장을 적절히 선별해 나가는 것이 요구된다. 이를 통해 해당 기술에 대한 실현가능성이 높을 것으로 판단되는 1~2개의 목표 시장을 선택하여 잠재시장의 접근가능성을 높인다. 또한, 사업모델 규정에서는 하나의 사업모델, 또는 사업모델의 조합을 선택해야 하는데, 사업목적에 따라 각 모델별로 찬반양론을 평가하고 여러 가지 가능성에 대해 검토할 필요가 있다. 이러한 일련의 평가분석을 마치고 나면 설정된 선정기준에 따라 최적의 사업아이템을 선정하는 과정을 거친다.

### (2) 2단계 : 사업개발

사업개발에서는 먼저 사업화의 필요기술에 집중하는 것이 무엇보다도 중요하다. 기술역량을 사업아이템 및 제품과 연계하고, 담당자를 선정하여 철저한 업무계획을 수립해야 한다. 이것을 마치고 나면 기술사업화의 성과를 평가할 담당자와 함께 사업성과에 따른 수익성 검증작업을 진행한다. 또한 제품수용 테스트 및 제품조정 과정을 거쳐 신제품의 성능과 이점에 대해 시장 관련자들과의 의견과 동향을 수렴하고, 사업 아이템에 대해 재점검한다. 사업가치 파악 부문에서는 가치창출을 위한 재무적인 분석을 실시하여야 하며, 제품・시장 테스트와 고객 반응에 대한 결과를 종합하는 한편, 예상되는 자금과 소요자원을 추가로 고려해야 한다. 그리고 제품이 확정되었다면 최종적인 제품내용과 조사, 분석을 통해 파악된 결과에 대한 상세 기록과 목표시장에 대한 선정기준을 마련하고 실제로 1~2개의 시장을 선정해 둘 필요가 있다.

목표시장에 따른 제품 NABC(Needs, Approach, Benefits, Competition)를 정의하여, 어떻게 시장의 요구를 만족시키고 이익을 제공할 것인지를 구체화하는 부분도 간과할 수 없다. 더 나아가 실제 출시를 결정하고, 제품·서비스를 제공하는 것으로 업무를 확정지었다면, 사업개발팀장을 선정하고, 성과를 평가하고 경제적 가치를 구체화시켜 줄 수 있는 팀을 가동하도록 한다. 사업개발팀(사업단) 구축 외에도 시장진입의 포인트 및 핵심역량을 가진 협력자들을 파악하여, 이들과의 협력에 따른 매출과 운영비용을 추정하는 과정이 요구된다. 또한 핵심인력을 추가하여 팀에 합류시키고 계약, 협약 등을 추진 완료하였다면 최종적인 사업모델을 선택하고 확정하는 단계로 넘어가도록 한다.

### (3) 3단계 : 사업전개

사업전개에서는 시장전개 현황을 모니터링하여 보완해야 할 요소들을 점검한 후 개발에 착수해야 한다. 신기술, 신시장, 파트너 등과 같이 사업계획에 영향을 줄 수 있는 요소들의 동향을 파악하여 가장 잠재력이 큰 시장에 대해 사업적 가능성을 타진하는 한편, 제품에 대한 홍보물을 마련하여 잠재고객을 대상으로 한 발표회나 설명회를 개최할 필요가 있다. 잠재고객에게 접근하는 방식에서는 A, B, C등급으로 고객을 설정하여 1차 접촉대상 고객을 구분하여 그들을 대상으로 설명회를 실시, 고객의 반응을 검토하도록 한다. 또한 목표시장에 진출하는 데 필요한 자금을 파악하고, 선정된 사업모델을 추진하는 데 필요한 항목들을 도출하여 관련 부서와 합의를 통해 적절한 사업안을 작성하도록 한다.

사업전개에서 필수적으로 수반되어야 하는 것은 지원인력과 인프라 구축이다. 먼저 잠재적인 파트너들과 그들의 자원을 파악하여 협력체계를 구축하고, 선정된 시장세분화에 따라 필요한 인력을 결정한다. 지원인력 추가에서는 선정된 사업계획에 따라 재무, 인사, 총무 등과 같은 필요한 지원인력을 결정하고, 지원 인프라 투자에서는 설비, 건물, 통신망 등과 같은 기초 인프라를 파악하고 건물 부지, 설비, 자재공급자 등을 결정한다. 사업운영에서는 사업화 성과를 파악하여, 필요시에는 사업전략이나 실행계획을 수정할 수 있도록 준비한다.

### (4) 4단계 : 성과확산

성과확산에서는 기존의 사업역량을 토대로 새로운 사업기회와 사업역량, 그리고 사업개발계획을 창출한다. 1~2개의 새로운 사업기회를 선택하고 평가하여 새로운 사업기회에 필요한 역량과 현재의 보유역량을 연계하도록 한다. 새로운 시장에 필요한 역량을 파악하는 과정에서는 현재 보유역량과의 잠재적인 갭(Gap)을 확인하여 적절하게 통합시킬 필요가 있다. 그리고 이를 현재의 사업계획 및 활동에 적용시켜 향후 개발계획 창출에 미리 대비할 수 있도록 하는 것이 필요하다.

# 8. 사업계획서 작성의 핵심포인트

사업계획서의 핵심요소는 크게 기술성, 시장성, 사업성으로 구분할 수 있다.

## 1) 기술성

**■ 돈 되는 아이디어인가? (또는 참신한 아이디어인가?)**

어떻게 돈을 벌 것인가를 알기 쉽게 기술해야 한다.

**■ 사업아이템에 대한 산업재산권(특허권, 실용신안권) 취득 여부**

유사한 아이템에 대한 산업재산권 현황을 파악하는 능력이 필요하다. 특허정보검색서비스(www.kipris.or.kr) 또는 네이버 전문검색 등을 활용한다.

**■ 사업아이템을 어떻게 구현할 것인가? (구현방법을 단계별로 표시)**

본인이 직접 해결할 수 있는 것과 해결할 수 없는 것을 판단해 보고, 해결할 수 없는 것을 어떤 방법으로 해결해 나갈 것인가를 계획서에 기술한다.

## 2) 시장성

사업계획서를 작성하기 위해서는 국내 시장규모 또는 해외 시장규모를 예측하는 능력이 필요하다.

### ■ 시장규모를 예측하는 방법

• 확실한 근거를 가지고 작성한다.

알 수 없는 많은 요소가 있더라도, 입증이 가능한 숫자(객관적인 자료)에 근거하여 작성한다.

• 논리적으로 생각한다.

논리적 결론이어야 하며, 논리적 비약이나 명시되지 않은 가정(Assumption)에 의존해서는 안 된다.

• 자료를 비교한다.

여러 가지 다양한 자료원(인터뷰, 통계, 전문가 의견 등)을 비교하여 객관성을 확보해야 한다. 또한, 알 수 없는 변수가 있을 경우에는 대체적인 변수가 있는지를 찾아보며, 각 추정치가 적절한 규모인지 스스로 점검이 필요하다.

### ■ 시장규모에 따른 시장점유율을 예측한다.

만약, 국내 시장규모가 100억 원인데 본인이 점유할 수 있는 시장규모가 10%라고 가정하면 본인이 확보할 수 있는 시장규모는 10억 원으로 예측할 수 있다.

### ■ 시장점유율을 높일 수 있는 방법을 기술한다.

시장점유율을 높일 수 있는 마케팅, 홍보, 인적판매 등의 방법을 기술한다.

■ **마케팅체계**

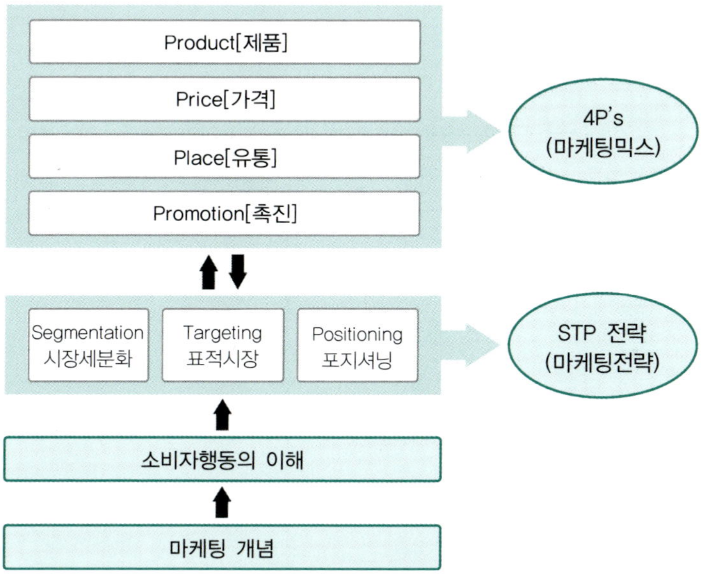


[그림 9-11] **마케팅체계**

## 3) 사업성

사업성은 얼마를 투자해서 얼마를 벌 것인가를 작성하는 것이다.

**자본 = 자기자본 + 타인자본**

참고로, 신용을 통해 자금을 조달할 수 있는 방법으로는 신용보증기금, 기술 보증기금, 지역신용보증재단 등을 이용하는 방법이 있다.

# 9. 기술사업계획서 작성 핵심(요약)

## 1) 기술개발의 개요

### ■ 개발기술의 중요성(필요성)

동 기술개발의 필요성과 지원받아야 할 당위성을 제시하며, 국내 · 외 시장현황, 기술개발 동향 등은 객관적인 자료(보고서, 시장동향, 관련 자료 등)를 보조자료로 활용하여 관련 내용을 요약하여 작성한다.

### ■ 국내 · 외 관련 기술의 현황

개발하고자 하는 기술에 대한 차별적 근거, 국내 · 외 기술개발 현실 및 향후 기술개발 방향 등에 대해서 구체적인 회사 등을 예시로 하여 제시한다. 각종 보고서 및 논문 등을 활용하여 객관적 자료를 추가적으로 제시하는 것이 좋다.

### ■ 기술개발 시 예상되는 파급효과 및 활용방안

경제 · 산업적 측면에서 시장창출, 수입대체, 수출기대, 산업발전 등을 구체적으로 나열하면서 제시하며, 동 기술개발을 통해서 향후 유사산업 또는 타 산업으로의 활용방안 및 활용 정도를 나열한다. 기술개발 파급순서는 기술이 발전되면, 사업화가 이루어지고, 이에 따라 관련 기업이 활성화되며, 이를 통해 관련 산업분야가 크고, 국가경제가 발전되는 것이다. 기술개발의 당위성과 국가연구개발자금 지원의 의미를 포함한다.

■ **개발기술 도출근거**

기술개발이 요구되는 사업별 특성을 파악하여 국가산업기술로드맵, 특허, 논문, 관련 서적, 세계 기술개발 동향 보고서 등 관련 내용을 구체적으로 작성한다.

## 2) 수요현황 및 사업화 계획

■ **시장현황**

정확한 데이터 자료를 제시하고, 관련 자료에 대한 근거 자료도 함께 제시하도록 요구된다. 일반적으로 추정된 데이터인 경우에는 산출된 방법에 대하여 제시하면 신뢰성이 높아진다.

■ **경쟁업체 현황**

관련 내용에 대한 국내·외 경쟁업체와 매출액을 구체적으로 제시하고, 필요하다면 근거자료도 제시한다. 기술개발 진행에 따른 향후 경쟁사업체 및 국가에 대한 제시도 필요하다.

■ **사업화 현황**

주관기관의 동 기술개발에 대한 사업화 방향을 구체적으로 제시하고, 관련 근거도 포함한다. 필요하면, 특허 회피가능성을 일부 제시한다.

■ **특허현황**

동 기술개발에 대한 특허분석맵 특허현황을 제시한다. 주관기관의 사전 특허현황을 간략하게 소개하고, 유사·경제 특허분석

결과에 대한 요약정리를 제시한다. 필요하면, 특허 회피가능성을 제시할 필요가 있다.

### 3) 기술개발의 목표·내용 및 차별성

#### ■ 최종목표 및 평가방법

기술적 측면에서 명확성과 상호연계성이 유지되도록 개조식으로 구체적으로 서술한다. 필요하다면 도식을 삽입하여 목표에 대한 구체화 제시도 좋은 방법이다. 본 기술개발 수행을 통해서 달성하고자 하는 최종목표를 추상적이지 않고 구체적으로 제시할 필요가 있다. 그리고 평가방법은 정량적 기준을 제시하고, 최종평가를 수행할 시 성공과 실패에 대한 평가의 기준이 될 수 있도록 구체적으로 나열하는 것이 필요하다. 필요시, 공인인증기관의 성적서 기준을 제시하는 것이 유리하다. 또한, 현재 수준과 향후 파급효과를 상호 비교할 수 있는 구체화된 평가방안 제시도 필요하다.

#### ■ 연차별 개발목표 및 내용

개발목표는 개발하고자 하는 기술(또는 공정)의 수준, 성능 품질을 가능한 한 정량적으로 기술하며, 연차별 평가시 계속·중단을 판정할 수 있도록 객관적이고 구체화된 정량적·정성적 목표를 제시한다. 그리고 연차별 차별성을 가지면서 기술개발의 최종목표에 도달할 수 있도록 기술개발이 필요한 전체적인 흐름도를 고려하여 제시하며, 개발내용 및 범위는 타 연구개발사업과제 및 기존연구수행내용에 대해 충분히 탐색하여 중복되지 않도록 하며, 목표달성을 위해 수행할 세부내용 및 이에 대한 구체적인 설명을 서술하되 시스템 구성 및 구조도는 가능한 한 그림으로 표현한다.

### 4) 기술개발의 목표 · 내용 및 차별성

**■ 최종목표 및 평가방법**

위탁기관에서 기술개발하고자 하는 최종목표 및 평가방법을 제시하며, 주관기관에서 제시한 내용과 상호 연관성 및 차별성을 제시하고, 최종 또는 중간평가 시 활용가능한 정량적 · 정성적 목표치를 제시한다. 그리고 기타 작성방법은 주관기관의 최종목표 및 연차별 개발목표 작성법과 유사하다.

### 5) 기술개발 추진전략 및 체계

**■ 기술개발 추진전략**

개발하고자 하는 구체적인 추진전략을 나열한다. 주관기관, 위탁기관, 참여기업, 기타 관련 연구기관의 상호 공동연구방향 및 전략, 향후 기술개발 진행방향 등을 나열하여 작성한다. 그리고 최적의 연구결과물을 도출하기 위하여 각 기관별 현황분석과 역할 등을 구체적으로 분석 · 제시한다.

**■ 기술개발 추진체계**

주관기관, 위탁기관, 참여기업별로 개발하고자 하는 기술의 내용 및 역할분담을 구체적으로 작성하고, 주관기관 내부에서 파트별로 구분하여 연구 시 파트별, 책임자별로 작성하는 것이 좋다. 그리고 기술개발 관련 추진방향의 체계도를 작성하여 제시한다.

### 6) 기술개발 추진일정

연차별로 개발하고자 하는 계획을 월별 또는 분기별로 계획에 따라 상세하게 작성하며, 필요시 위탁 연구기관 및 기타 기관도 포함한다.

### 7) 총사업비

사업비 구성은 기술개발 내용과 목표 달성을 위하여 수행하기 위한 실질적인 연구비 사용계획을 작성하며, 전체 사업비의 합계가 일치하고, 관련 사업비 계상기준에 맞게 적정하게 작성한다.

Chapter

# 10

# ESG창업 국내·외 사례

Environmental, Social and Governance

# 1. ESG창업 배경

기업 경영에 있어서 ESG(환경, 사회 및 지배구조)는 이제 경영의 변수가 아닌 상수로 작용하는 필수요소로 자리 잡고 있으며, ESG 경영은 단순히 착한 기업을 지향하는 것이 아니고, 중장기적인 리스크 헤지 경영이며 새로운 사업기회를 창출하는 경영으로 변모하고 있다.

글로벌적으로 EGS는 규제를 동반하고 국가와 금융 그리고 기업에 압력으로 가중되고 있으며, ESG로 돈을 버는 생태계가 구축되어 지속가능한 수익창출을 목적으로 하고 있으며, 특히 4차산업 혁명인 Digital Transforamtion과 연계해서 혁신하고 있다.

현재 소비의 중추적인 역할을 하는 MZ세대들은 그들이 구매하는 상품 뒤에 어떤 일이 일어나고 있는지를 알고 싶어 하는 가치소비를 한다.

전 세계가 기후 변화와 사회적 불평등을 해결해야 할 필요성을 더 많이 인식하게 됨에 따라 투자자들은 책임투자원칙에 의해 ESG를 중시하는 스타트업과 기업을 찾아 투자를 하고 있다.

수출만으로 먹고 사는 우리나라의 경우 EU에서 법률로서 규범화되고 있는 다양한 형태의 ESG 규제 압력은 극복하여야 하는 위협요인으로 작용하고 있으며, 전 세계에서 ESG창업의 열풍이 불고 있고, ESG는 우리에게 창업과 일자리 마련이라는 새로운 기회도 제공한다.

기업의 이윤 추구는 환경과 사회, 사람을 중시하는 가치를 창출하는 'ESG경영'으로 빠르게 변화하고, ESG가 New Normal로 떠오르면서 ESG 관련 창업기회 기회가 무수히 많을 것으로 예상된다. 전 세계 ESG 투자규모는 '20년 40조 5,000억 달러(43,000조원)로 '12년도에 비해 3배가량 증가했으며, 국내·외 주요 기업들은 ESG경영과 투자를 적극적으로 확대 중이고, 국내에서 ESG를 고려한 스타트업 투자는 환경과 사회 측면에서 이루어지고 있다.

식물성 육류 대체품을 만드는 미국 ESG 스타트업 임파스블 푸드(Impossible Foods), 영국 ESG 스타트업 Olio 및 네덜란드 ESG 스타트업 Fairphone 등은 국제적으로 유명한 ESG 스타트업이다. 국내에서도 ESG창업 바람이 불고 있으며, 청년일자리 창출이 중요한 이 시점에 ESG와 관련된 청년세대 ESG창업 활성화 토양 마련이 무엇보다도 필요하고, 이러한 스타트업의 활성화에 청년세대의 적극적인 참여가 절실하다. 옐로우독, 소풍벤처스, 한국사회투자, D3쥬빌리 등의 임팩트 투자사는 UN의 SDGs(지속가능발전목표)를 달성에 비전을 두고 있는 기업에 투자하고 있고, 금융권과 대기업이 ESG관련 스타트업과 업무협약을 체결하거나 발굴·선정·육성하는 사례들이 발생하고 있다.

## 2. 환경(E)과 창업

ESG 중 환경분야에 대한 투자 가장 많이 진행되고 있고, 이는 성과 지표를 정략적으로 판단하기 용이하고 재무적인 성과를 기대할 수 있기 때문이다.

정부는 2010년 「저탄소녹색성장 기본법」 제정, 2050 탄소 중립

계획 천명, 2020년 '2050 장기저탄소발전략(LEDS)'과 '2030 국가온실가스감축목표(NDC)' 갱신, 2021년 '2030 국가온실가스감축목표(NDC)' 상향 등 기후환경변화에 적극적으로 대응하고 있다.

환경 관련 창업 투자로는 친환경 전력 발전 및 사용량을 예측하고 효율적으로 분배하는 AI 기반 가상발전소를 운영하고, 도시 소규모 화물배송에 적합한 이륜 전기차를 개발하여 환경오염문제를 해결하며, 최소한의 에너지를 사용하며 물을 사용하지 않는 새로운 냉각방식 개발을 통한 물과 에너지 사용량을 감소시키는 것과 같은 창업을 생각할 수 있다.

## 3. 사회(S)와 창업

사회와 관련된 창업으로는 기존 사회적 기업, 사회적 협동조합 등 다양한 창업형태를 보여 오고 있다. 주로 인권, 지역사회와의 관계, 사회적 취약계층 지원 및 고용과 관련된 사업이 있었으나, 고객 복지, 데이터 안정성을 확대되어 가고 있으며, 국내에서는 주로 사회적 가치를 기반으로 한 투자가 이루어지고 있다.

사회 관련 창업 투자는 시장문제와 사회문제를 동시에 해결하기 위해 취약계층을 고용한 물류서비스업과, 장애인 이동의 자유를 돕는 휠체어 보조 시스템 및 발달 장애인 예술가의 작품으로 만든 굿즈 상품의 판매 및 전시회 개최 등을 생각할 수 있다.

## 4. 국내 ESG창업 사례

국내 ESG창업사례는 대기업의 사내벤처형태나 개별적인 스타트업 형태로 이루어지고 있다.

### 1) 사내벤처형

삼성전자 사내벤처로 출발한 에바(EVAR)는 폐배터리를 회수해 만든 이동형 전기차 자동 충전 로봇을 개발했다. 충전기 배터리로 폐배터리를 활용해 친환경적이며, 대용량 배터리를 적용해 완충 시 최대 2~3대의 전기차를 충전할 수 있다. '마이셀(MYCEL)'은 2016년부터 개발에 착수해 친환경 소재인 버섯 균사를 기반으로 차량 복합재, 패브릭 등 소재를 개발하는 바이오 소재 기업이다. 마이셀은 천연가죽이나 합성피혁에 비해 환경오염이 적은 데다 경제성까지 갖춘 버섯 균사를 활용한 식물성 가죽(비건 레더) 사업의 선두주자이며, 천연가죽과 비슷한 질감으로 품질도 우수하다. 2021년 포스코 사내벤처로 분사한 카본엔은 포스코제철소에서 발생하는 이산화탄소를 포집해 고순도 액화탄산가스로 만드는 일을 하며, 액화탄산가스는 탄산음료나 드라이아이스, 용접용 가스 원료로 활용된다. CJ제일제당 사내벤처 이노백(INNO100)은 푸드 업사이클과 식물성 대체유 사업을 한다. 푸드 업사이클링은 깨진 쌀, 콩비지 등 식품 부산물을 활용해 제품화함으로써 식품 폐기물을 줄이는 사업으로, 패키징도 쓰고 버린 페트병을 재활용한다. 식물성 대체유는 현미, 콩 등 식물성 재료로 만든 우유 대체식품이다.

| 구분 | 에바 | 마이셀 | ㈜카본엔 | 이노백 |
|---|---|---|---|---|
| 내용 | 대표자: 이훈<br>업종: 기타 전기 변환장치 제조업<br>설립일: 2018. 11. | 대표자: 사성진<br>업종: 재생섬유 제조업<br>설립일: 2020. 3. | 대표자: 김상현<br>업종: 산업용 가스 제조업<br>설립일: 2020.10. | 대표자: 한태욱<br>업종: 의학 및 약학 연구 개발업<br>설립일: 2016.3. |

## (1) (주)에바

대표자: 이훈
기업구분: 중소기업
업종: 기타 전기 변환장치 제조업
설립일: 2018. 11. 16.
매출액: 50억~100억 미만(2022. 12. GAAP 개별)
종업원: 20명 미만(2019. 11.)
본사: 경기도 성남시 수정구 창업로 42 919호

삼성전자 사내벤처로 출발한 에바(EVAR)는 폐배터리를 회수해 만든 이동형 전기차 자동 충전 로봇을 개발했다. 에바를 활용하면 충전소를 찾지 않아도 어디서든 손쉽게 충전이 가능하다. 충전기 배터리로 폐배터리를 활용해 친환경적이며, 대용량 배터리를 적용해 완충 시 최대 2~3대의 전기차를 충전할 수 있다.

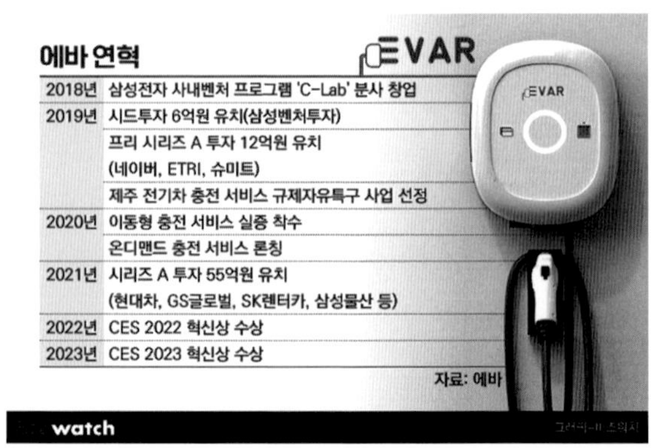

## (2) (주)마이셀

> 대표자: 사성진
> 기업구분: 중소기업
> 업종: 재생섬유 제조업
> 설립일: 2020. 3. 9.
> 매출액: 5억 미만(2021. 12. GAAP 개별)
> 종업원: 20명~40명 미만(2023. 4.)
> 본사: 경기 용인시 기흥구 고매로 125

'마이셀(MYCEL)'은 2016년부터 개발에 착수해 친환경 소재인 버섯 균사를 기반으로 차량 복합재, 패브릭 등 소재를 개발하는 바이오 소재 기업으로, 밀레니얼 세대를 겨냥한 디자이너 제품 출시를 준비하고 있다.

버섯 균사는 수입 의존도가 높고 환경오염을 유발하는 기존 화학 소재와는 차별화된 친환경 소재로, 균사 가죽, 대체육 등 다양한 분야에 확장 적용이 가능한 점이 특징이다.

마이셀은 천연가죽이나 합성피혁에 비해 환경오염이 적은 데다 경제성까지 갖춘 버섯 균사를 활용한 식물성 가죽(비건 레더) 사의 선두주자이며, 천연가죽과 비슷한 질감으로 품질도 우수하다.

**MYCEL PROJECT**
**Fungi-inspired start-up**

마이셀 프로젝트는 현대자동차 분사 스타트업으로, 곰팡이/버섯균의 생리적, 생화학적, 물리적 특성을 활용, 생물 모방(biomimicry)을 통해 회수 및 순환이 고려된 생물공정을 디자인하고, 다양한 바이오 소재를 개발/생산합니다.

## (3) (주)카본엔

대표자: 김상현
기업구분: 중소기업
업종: 산업용 가스 제조업
설립일: 2020. 10. 27.
매출액: 미확인
종업원: 미확인
본사: 경북 포항시 남구 청암로 87, 5층 502호(지곡동 체인지업 그라운드)

2021년 포스코에서 분사한 카본엔 역시 사내벤처로 출발했다. 이 회사는 포스코제철소에서 발생하는 이산화탄소를 포집해 고순도 액화탄산가스로 만드는 일을 한다. 액화탄산가스는 탄산음료나 드라이아이스, 용접용 가스 원료로 활용된다.

## (4) (주)이노백

대표자: 한태욱
기업구분: 중소기업
업종: 의학 및 약학 연구개발업
설립일: 2016. 3. 7.
매출액: 5억 미만(2021. 12. GAAP 개별)
종업원: 20명 미만(2022. 12.)
본사: 강원도 춘천시 강원대학길 1 아산관 205호

CJ제일제당은 사내벤처 이노백(INNO100)을 통해 푸드 업사이클과 식물성 대체유 사업화를 확정했다. 푸드 업사이클링은 깨진 쌀, 콩비지 등 식품 부산물을 활용해 제품화함으로써 식품 폐기물을 줄이는 사업으로, 패키징도 쓰고 버린 페트병을 재활용한다.

식물성 대체유는 현미, 콩 등 식물성 재료로 만든 우유 대체식품이다. 두 제품 모두 친환경, 식물성 등 ESG 및 가치소비 트렌드에 따라 성장 가능성이 클 것으로 기대된다.

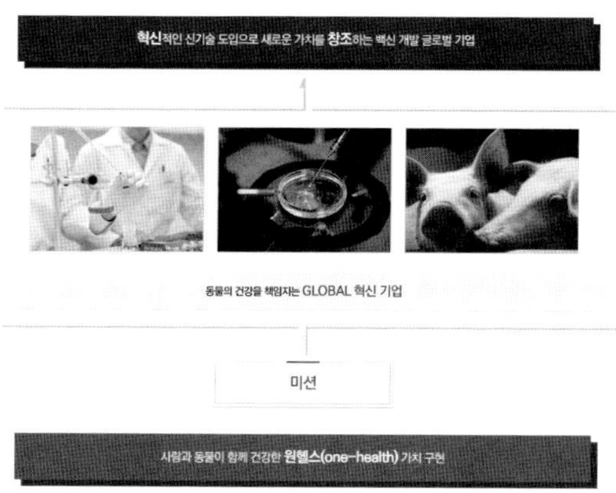

## 2) 개별적인 ESG 스타트업

환경(E) 스타트업으로 생분해성 플라스틱을 개발 제조하는 (주)그린바이오, 폐이차전지 분리막을 재활용하여 섬유 원단을 개발하는 리사이클 기업인 (주)라잇루트, 자전거중고거래플랫폼사인 라이트브라더스(주) 등이 있다.

| 기업소개 | 그린바이오 greenbiosystem.com |
|---|---|
| 대표 | 한상훈 |
| 주요사업 | 플라스틱을 대체할 생분해 친환경 상품 및 생산 자동화 로봇 개발 2022년 |
| 참여사업 | K-스타트업센터, 2021년 아기유니콘 200 등 |
| 설립일 | 2016. 11. 01 |
| 소재지 | (본사) 광주광역시 북구 첨단과기로 333 벤처지원센터 201호<br>(광교사무실) 경기도 용인시 수지고 광교중앙로 338 광교우미뉴브 S306호<br>(공장) 전라남도 함평군 대동면 동함평산단길 97-20 제1공장<br>전라남도 함평군 신광면 일강로 560 제2공장<br>전라남도 함평군 대동면 동함평산단길 97-18 제3공장 |
| 기업소개 | (주)라잇루트 rightroute.kr |
| 대표 | 신민정 |
| 주요사업 | 이차전지 폐분리막을 재활용한 리사이클 고기능 신소재 |
| 참여사업 | 2021년 창업도약패키지(SK이노베이션 협업과제 선정) |
| 설립일 | 2016. 10 |
| 소재지 | 서울특별시 중구 명동길 73, 603호 |
| 기업소개 | 라이트브라더스(주) wrightbrothers.kr |
| 대표 | 김희수 |
| 주요사업 | 탄소배출권 연계 자전거 ESG 플랫폼 |
| 참여사업 | 2022년 아기유니콘 200, 2021년 TIPS 프로그램 등 |
| 설립일 | 2017. 05. 02 |
| 소재지 | 서울특별시 서초구 올림픽대로 2085-14(반포동) 새빛섬 1층 |

출처: 창업진흥원, ESG 우수사례집(2022.12)

사회적 책임(S) 스타트업은 경제적, 사회적 배경에 상관없이 누구나 잠재력을 발휘할 수 있는 사회를 추구하는 ㈜코드스테이츠, 발달장애 예술가 에이전시 ㈜디스에이블드, 시각장애인의 독립적인 삶, '누구에게나 공평한 기술'로 구현하는 ㈜에스엠플래닛 등이 있다.

| 기업소개 | (주)코드스테이츠 www.codestates.com |
|---|---|
| 대표 | 김인기 |
| 주요사업 | 현장에 필요한 IT 직무 교육과 취업연계 서비스 |
| 참여사업 | 2021년 아기유니콘 200 |
| 설립일 | 2018. 01. 25 |
| 소재지 | 서울특별시 서초구 서초대로 396, 강남빌딩 20층(스파크플러스 강남2호점) |
| **기업소개** | **(주)디스에이블드 thisabled.co.kr** |
| 대표 | 김현일 |
| 주요사업 | 장애인 예술가 에이전시, ESG 올인원 소셜서비스 |
| 참여사업 | 2022년 대-스타 해결사 플랫폼 |
| 설립일 | 2016. 09 |
| 소재지 | 서울특별시 서초구 잠원동 36-16, 2층 |
| **기업소개** | **(주)에스엠플래닛 smplanet.co.kr** |
| 대표 | 조현선 |
| 주요사업 | 시각장애인 등 디지털 취약계층을 위한 스마트폰 소프트웨어 런처 개발 |
| 참여사업 | 2022년 대-스타 해결사 플랫폼, 2020년 창업도약패키지 등 |
| 설립일 | 2017. 02. 28 |
| 소재지 | (본사) 충남 아산시 배방읍 희망로 46번길 45-29<br>(지사) 서울특별시 도봉구 마들로 13길 84 |

출처: 창업진흥원, ESG 우수사례집(2022.12)

거버넌스(G) 스타트업은 푸드업사이클링 전문기업인 ㈜리하베스트, 소규모 재생에너지를 통합·관리하는 가상발전소를 만든 식스티헤르츠(주) 등이 있다.

| 기업소개 | (주)리하베스트 www.reharvestshop.com |
|---|---|
| 대표 | 민알렉산더명준 |
| 주요사업 | 푸드 업사이클을 활용한 친환경 식품원료 생산 및 이를 기반으로 한 제품 생산 |
| 참여사업 | 2022년 민관공동 창업자 발굴육성 |
| 설립일 | 2019. 08. 14 |
| 소재지 | 서울특별시 서초구 논현로 171(양재동) 제일빌딩 |
| **기업소개** | **식스티헤르츠(주) 60hz.io** |
| 대표 | 김종규 |
| 주요사업 | 다양한 종류의 분산전원을 IT 기술로 연결하고 예측·관리할 수 있는 가상 발전소 구축 |
| 참여사업 | 2022년 창업도약패키지, 2021년 초기창업패키지 등 |
| 설립일 | 2020. 12. 09 |
| 소재지 | 서울특별시 중구 명동길 73 6층 602호 |

출처: 창업진흥원, ESG 우수사례집(2022.12)

### 3) 유망 ESG 스타트업

창업진흥원의 제3회 창업기반 ESG실현 우수사례 경진대회에서 선정된 ① 커피박(찌꺼기)을 활용한 업사이클링사 ENF에너지, ② 기름 대신 물로 세탁하는 워터클리닝을 하는 (주)청세, ③ 시각장애인용 스마트폰 솔루션 개발사인 (주)에스엠플래닛, ④ 폐분체도료 재활용 연료펠릿 개발사인 (주)뉴올터너티브, ⑤ 방사성 폐기물 리사이클링사인 (주)그린방사선 및 ⑥ 친환경 패키징 '이너보틀' 개발사인 (주)이너보틀 등이 있다.

| 기업소개 | ENF 에너지 (남순덕 대표) |
|---|---|
| 우수사례명 | 커피박(찌꺼기)을 활용한 연료(연탄, 펠릿, 숯) 제조 및 천연 유약 도자기 제조를 통한 탄소 중립 실천 |
| 추진배경 | – 커피 소비량 증가로 인해 커피박(찌꺼기) 및 폐기물 증가<br>– 그동안 매립.소각되어 온 커피박을 환경보호 및 오염이 상쇄되는 탄소 중립 제품 커피박 연료(펠릿)와 천연 유약 도자기로 재탄생 |
| 주요 내용 | – 커피박은 현재 핸즈 커피(대구 경북 내 가맹점 104개) 본사 외 더치커피 전문 생산 5개 업체와 커피박 연료화를 위한 업무협약 통해 1일 5톤을 직접 수거하여 커피박 연료 펠릿을 생산 판매 중<br>– 커피박 천연유약은 양구 백자 박물관에 전시 및 대구광역시 녹색 환경과 납품을 시작으로 판매, 커피박을 제공하는 커피숍 대상 1회용 줄이기를 위한 커피박 도자기 유약 머그컵 또는 텀블러제공 |
| **기업소개** | **(주)청세 (이기태 대표)** |
| 우수사례명 | – 기름으로 세탁하는 드라이클리닝을 대체하는 물로 세탁하는 워터 클리닝 |
| 추진배경 | – 드라이클리닝은 세탁 시 사용한 기름을 일반 세탁기처럼 배수하지 않고 회수하여 자동차의 엔진오일처럼 보관한 뒤 수백 번 재사용하여 인체와 환경에 유해함 |
| 주요 내용 | – (주)청세는 물로 세탁하여도 의류의 수축, 변형 등이 발생하지 않고 매번 새로운 물로 세탁하여 인체와 환경에 안전한 '워터클리닝' 공법 개발 |
| **기업소개** | **(주)에스엠플래닛 (조현선 대표)** |
| 우수사례명 | – 시각장애인의 정보 접근성 향상을 위한 시각장애인용 스마트폰 솔루션 개발 및 보급 |
| 추진배경 | – 코로나19 이후 급속도로 비대면사회가 발전해 가며 많은 기기가 버튼형에서 터치형으로 바뀌어 가면서 디지털 취약 계층의 최신 기술 사용성이 줄어들며 두려움이 강화됨<br>– 화면을 보지 못하는 시각장애인에게 만져지지 않는 터치형 디스플레이는 서비스의 이용 제한<br>– 국내 출시되는 폴더폰의 모델은 단 한 가지로, 단종 우려가 있으며 버전이 낮아 최신 플랫폼을 담기에 한계가 있음 |
| 주요 내용 | – 시각장애인이 누군가의 도움 없이 편리하게 터치형 스마트폰 이용 가능<br>– 시각장애인이 스마트폰 이용 시, 불필요하게 노출되는 광고 및 팝업 제거를 통한 정보 접근성 강화<br>– 촉지스티커를 사용하여 스마트폰 화면을 직접 터치하여 사용하므로 음성 명령의 단점 보완 |

| 기업소개 | 뉴올터너티브 (박동규, 이진욱 대표) |
| --- | --- |
| 우수사례명 | 폐분체도료 재활용 연료펠릿 개발 |
| 추진배경 | – 도색공장에서 나오는 폐분체도료의 발생량 증가<br>– 폐분체도료량 연간 36,000,000kg으로 비용환산시 약 162억 원<br>– 중국 무단 수출에 의한 환경부 내 불법회수 업자 신고건 증가<br>– 폐분체도료 불법거래 행위 및 무단적치 발생 증가 |
| 주요 내용 | – 폐분체도료 및 기타 폐자재를 친환경적인 재생산 기술로 환경규율에 따른 합법처리를 하는 비즈니스모델 개발<br>– 버려지는 폐기물을 수거 및 재생하여 펠릿으로 전환하고 이를 열병합 및 화력발전소의 전력으로 사용할 수 있도록 납품 |
| **기업소개** | **(주)그린방사선 (박승철 대표)** |
| 우수사례명 | – 방사성폐기물 리사이클링으로 탄소중립 및 국가 영구처분장 수명 연장 |
| 추진배경 | – 원전발생 폐활성탄은 처리하지 못하고 장기간 저장 중에 있음<br>– 방사성 폐활성탄 자체 처분 기준을 만족할 처리 기술이 존재하지 않음 |
| 주요 내용 | – (주)그린방사선은 원전 발생 폐활성탄을 재사용하여 방사성폐기물 처분 비용 및 활성탄 재구매 비용을 혁신적으로 줄여 탄소중립에 기여하고 국가 자원인 경주방폐장의 수명 연장에 기여함 |
| **기업소개** | **(주)이너보틀 (오세일 대표)** |
| 우수사례명 | – 친환경 패키징 이너보틀을 통한 지속가능한 소비 &생산 |
| 추진배경 | – 시장에 판매되고 있는 화장품의 90%는 재활용이 안 되는 쓰레기로, 환경오염 문제를 해결하고자 친환경 패키징 개발 및 양산 |
| 주요 내용 | – 친환경 용기 패키징을 통한 잔량 최소화, 3병당 1병 환경비용 절감<br>– 제로웨이스트 실현, 온라인 리필 서비스를 통한 용기 재사용<br>– 용기 소재의 한계를 넘은 종이 용기 실현 |

출처: 창업진흥원, ESG 우수사례집(2022.12)

## 5. 글로벌 ESG창업 사례

다양한 형태의 ESG창업이 이루어지고 있는데, 미국 Impossible Food, 영국 Olio 및 네덜란드 Fairphone 등은 국제적으로 유명한

ESG 스타트업이다.

### 1) 미국 IMPOSSIBLE FOOD

대표자: 패트릭 브라운(Patrick O. Brown)
업종: 대체육 제조
설립일: 2011년
매출액: 4억 4000만 달러(2020년)
종업원: 700명 미만(2023)
본사: 미국(Redwood City)

임파서블푸드는 2011년 미국 스탠포드대 생화학과 패트릭 브라운 교수가 설립한 대체육 제조사다.

콩 등 식물성 재료로 유사 육류를 만들어 스타벅스, 버거킹 등 글로벌 식음료 체인 4만여 개 매장과 월마트·코스트코 등 미국 슈퍼마켓체인 2만여 개 점포에 공급하고 있다.

미국 패스트푸드점 버거킹에서 판매중인 임파서블푸드 제품 메뉴

## 2) 영국 OLIO

대표자: 테사 클라크(Tessa Clarke)
업종: 음식물, 가정용품 공유 서비스
설립일: 2015년
사용자수: 500만 명(2022년)
서비스 지역: 영국 등 50여 개국
투자유치: 4,900만 달러(약 610억 3000만 원)
직원(자원봉사자): 30,000명
본사: 영국

2016년 올리오 애플레이케이션(앱)이 출시되었다. 올리오 비즈니스 모델의 핵심은 남은 음식물을 폐기물이 아닌 자원으로 생각하고 필요한 사람에게 연결해 준다.

올리오의 매출은 기업 측으로부터 식료품을 수거하고 공유하면서 수수료를 받는다(과거: 기업은 폐기된 음식물을 처리하기 위해 폐기물 업체와 계약을 하고 비용을 지불).

올리오의 창업자인 테사 클라크(Tessa Clarke). 그녀는 올리오를 통해 남은 음식·식재료에 대한 사람들의 생각을 바꾸고, 이를 통해 음식물 쓰레기가 줄기를 바란다. [사진 올리오]

### 3) 네덜란드 Fair phone

설립자: 바스 반 아벨(Bas Van Abel)
업종: 스마트 디바이스 제조
설립일: 2013년
직원수: 70명(20개국 출신)
Fair Phone 가입자수(소유자): 10만 명 이상
본사: 네덜란드

네덜란드의 사회적 기업 페어폰사가 선주문 후제작 방식으로 판매하고 있는 공정무역 스마트 디바이스 제작 기업이다.

모듈형 디자인을 적용한 스마트폰은 페어폰이 최초이다. 전화기의 부품이 고장 나면 쉽게 수리할 수 있고 전화기의 특정 부품이 오래되었을 때 업그레이드가 가능하여 전화기의 수명(4~5년)이 엄청나게 늘어나게 된다.

현재 버려진 휴대폰 대부분은 아프리카, 인도, 중국의 빈민가에서 처리되고 있는데, 어린 아이들이 맨손으로 배터리에서 카드뮴을 골라내고, 젊은 여성들은 달군 회로기판에서 금과 은을 분리하며 치명적 유해가스를 매일 호흡한다.

네덜란드의 사회적 기업 페어폰(Fair phone)은 시민단체와 손잡고 콩고 등 분쟁지역에서 생산되는 휴대폰 원재료 광산을 직접 방문해 노동착취와 환경오염 등을 감시한다. 만드는 과정에서도 안전한 노동환경을 보장하고 있다.

수명이 다한 공정폰을 재활용하거나 안전하게 폐기할 수 있도록 회수 프로그램을 운영, 홈페이지를 통해 부품을 판매하고 수리 방법을 알려 사용자가 휴대전화를 직접 고치도록 유도한다.

## 4) 기타

**플랜에이(Plan A)**는 2017년 독일 베를린에서 설립되었으며, BMW, Trivago, N26, Ganni 등이 지원하는 탄소 배출 및 ESG 보고를 위한 포괄적인 소프트웨어를 제공한다. 창업 이후 2021년 11월 시리즈 A 877만 유로를 포함해 1,130만 유로의 자금을 조달했다.

**베르코(Verkor)**는 프랑스 전기차(EV) 배터리 및 관련 장비 제조업체이며, Benoit Lemaignan이 2021년에 EV 배터리 산업을 발전시키고 전체 수명주기 동안 지속 가능한 배터리를 생산한다는 목표로 설립되었다. 여기에는 배터리에 사용되는 금속 재활용, 생산과 관련된 CO2 배출 감소, 수명이 끝난 제품 재활용 등이 포함된다.

**카본에쿼티(Carbon Equity)**는 2021년 Jacqueline van den Ende이 네덜란드 암스테르담에 설립하여 소규모 투자자들에게 환경 및 기후와 관련된 지역에서 운영되는 스타트업을 대상으로 하는 사모 펀드 투자에 대한 기회를 제공한다. 최소 투자 금액은

10만 유로로 설정되어 있으며 환경친화적인 활동과 기후 변화 적응 및 완화에 중점을 두고 있다.

| | planA | VERKOR | carbon equity |
|---|---|---|---|
| Established | 2017 | 2021 | 2021 |
| Head quarters | Berlin, Germany | Grenoble, France | Amsterdam, the Netherlands |
| Founder(s) | Lubomila Jordanova and Nathan Bonnisseau | Benoit Lemaignan | Jacqueline van den Ende |
| Key Product | Carbon management SaaS | EV batteries | Providing private equity investment opportunities in companies operating in areas related to the environment and the climate. |
| Key Success Factors | Early entry to the market and operating with an environmental mindset | Skilled in fundraising and seeking out investment partners | Broad range of investment options |
| Future Plans | Reduce carbon emissions by 1 Gt per year | To establish a battery gigafactory | To have a positive impact on environmental development |

**Ceezer**는 탄소 배출량을 계산하고 상쇄하는 온라인 플랫폼이며, 탄소 회계 및 보고 기능을 제공할 뿐만 아니라 배출량을 상쇄하기 위해 자발적인 탄소 시장에 대한 접근도 제공한다. Siemens, Stryber 및 Danish Energy Agency 등 회사의 지원을 받아 왔으며 2022년 9월 420만 유로의 초기 VC 투자를 포함하여 520만 유로의 자금을 조달했다.

**Greenly**는 2019년 프랑스 파리에서 설립되었으며 모든 사람이 탄소 발자국을 추적할 수 있도록 하는 탄소 추적 기술 개발업체이다. Ecovadis, Renault, Tier Mobility, Go Share 및 Tripadvisor 등의 거대 기업을 포함하여 800개가 넘는 회사가 지원하고 있고, 2022년 3월에 2,090만 유로의 시리즈 A 투자를 포함하여 2,390

만 유로 자금을 조달했다.

**Sweep**는 2020년 프랑스 몽펠리에에서 설립되었으며 고객이 플랫폼을 통해 지속 가능성 여정을 계속 이어갈 수 있도록 돕고 있으며, 제품을 통해 기업은 탄소 배출을 이해, 관리 및 보고할 수 있을 뿐만 아니라 실행 가능한 목표를 설정하고 프로젝트 기여를 통해 배출을 상쇄할 수 있다. Ubisoft, Dropp, Swisscom 및 Zapp과 같은 회사의 지원을 받아 왔으며 2022년 4월 시리즈 B 투자에서 6,745만 유로를 포함하여 무려 9,110만 유로의 자금을 조달했다.

**Minimum**은 런던에 본사를 두고 2020년에 설립되었으며 기업의 지속가능경영을 위해 설계된 탄소회계 플랫폼을 개발한 회사이다. 고객의 지속 가능성 여정을 돕기 위해 기업에 실시간 자동 분석을 제공하며, Octopus Group의 지원을 받아 216만 유로를 모금했다.

**Vaayu**는 2021년에 설립되었으며 실시간으로 탄소 배출량을 추적, 감소 및 상쇄하도록 설계된 자동화된 소프트웨어를 제공하며, 제품은 특히 소매 소비자를 대상으로 하며 탄소 배출량을 줄이는 데 도움을 준다. Armed Angels, Organic Basics 및 Missoma 등의 지원을 받아 왔으며 2022년 4월 시드 투자 1,063만 유로를 포함하여 총 1,200만 유로를 모금했다.

### 5) 아시아

**Ride Beam**은 Alan Jiang과 Deb Gangopadhyay가 2018년에

설립했다. 이 마이크로 모빌리티 스타트업은 대중에게 전자 스쿠터를 임대하고 있으며, 운송 연료 소비를 감소함으로써 여행과 관련된 환경 영향을 줄이는 데 도움을 주고, 부수적인 이점으로 스쿠터를 사용하여 주요 도시를 여행하는 것이 종종 더 편리하고 편리하며, 대중 교통 네트워크와의 더 나은 통합을 제공한다.

MindX는 온라인으로 코딩을 가르치고 동남아시아 최대 규모의 플랫폼이 되는 것을 목표로 하는 베트남 교육 기술 스타트업이다. 2015년 Tung Nguyen, Ha Nguyen 및 Huy Nguyen에 의해 처음에는 Techkids라는 상호로 설립되었으며 학생들에게 온라인과 오프라인 모두에서 코딩 방법을 가르치고 있다. 운영 첫해에는 등록이 무료였지만 이후 전통적인 결제 모델로 전환했다.

## 6. ESG창업을 통한 지역활성화

2021년 말 기준 국내 산업은 다수의 중소기업 395,356개사(전체 비중 97.8%), 소수의 중견기업 5,480개사(전체 비중 1.4%) 및 대기업 3,432개사(전체 비중 0.8%)으로 구성되어 매우 열악한 상황이며, 2022년 기준 한국 명목 국민총소득(Gross National Income, GNI) 대비 수출입 비율은 100.5%로 2020년 기준 미국 31.4%, 일본 37.5%, 프랑스 66.1%에 비해 높은 대외의존도를 보이고 있다.

수출로 먹고사는 우리나라의 경우 EGS 경영은 글로벌 시장에서 선택이 아닌 기업의 생존과 성장을 위한 필수 전략이 되어 국가 경쟁력 차원에서의 대비가 절실한 편이며, 지방시대위원회 발족, 지방소멸 및 지방인구 감소 대책 등과 맞물려 ESG창업 생태계(Ecosystem) 구축을 통한 지역에서의 ESG창업을 적극적으로 활용하는 것이 필요한 상황이다.

지역에서의 ESG창업은 몇 가지 장점을 내포하고 있다. 먼저, ESG창업은 공정하고 사회적 책임을 다하며 환경을 보호하려는 MZ 세대의 가치관과 일맥상통하여 효과적이다. 둘째, ESG창업은 지역사회와 연계되고 해당 지역시민의 '삶의 질'을 제고하는 창업 목표를 견지하고 있어 지역사회를 활성화할 수 있고, 각 지역마다 가지고 있는 로컬의 장점을 활용할 수 있다. 셋째, ESG창업은 디지털 등 4차 산업혁명 기술과 연계되어 진행되기 때문에 굳이 대도시에서 창업이 이루어 필요가 없어 지역에 기반을 둔 창업인력의 지역 정착 및 정주를 도모하여 지방이 직면한 인구소멸을 방지할 수도 있다. 넷째, 해양쓰레기, 폐기물과 오염 등의 환경적인 문제와 안전 및 보건 등 사회적인 문제와 관련하여 해당 지역사회가 직면하고 있는 현실적인 애로사항을 해결할 수 있다는 점이다. 마지막으로 지방에 소재하는 중소기업 및 중견기업의 경우 자금력과 인력의 열세로 인하여 글로벌 ESG 규제에 대응하기가 어려운 실정이다. 이러한 문제를 해결하기 위하여 외부 ESG 창업을 활용한 오픈이노베이션(Open Innovation)전략을 통해 해당 기업의 혁신 경쟁력을 강화할 수 있다.

선진국형 ESG 생태계 조성은 지역활성화, 청년일자리 창출 및 지방의 '삶의 질' 제고라는 목표를 동시에 달성할 수 있다는 점에서 중요하며, 특히 청년세대 ESG창업 활성화 토양 마련이 무엇보다도 필요하고, 지역 소재 대학의 적극적인 참여와 지원이 요구된다.

첫째, 지역 대학이 중심이 되어 地産學民(지방자치단체-산업체-대학-민간연구기관)의 ESG 협의체를 구성하여 지역사회를 선도하는 것이 필요하다. 둘째, 대학의 교수진과 연구진을 중심으로 글로벌 ESG 트렌드 분석, ESG 시민의식 제고, 전문인력 양성 및 ESG창업 붐(boom) 조성이 필요하다. 셋째, 지역사회에 기반을 둔 창업 아이템 발굴 및 관련 교육을 대학이 수행하는 것이 필요하다. 넷째 지역 소재 대기업, 중견기업 및 중소기업의 어려움을 해결해 줄 수 있고 ESG 경쟁력을 제고할 수 있는 Open Innovation 전략 기반의 창업을 지원하는 것이 필요하다. 마지막으로 ESG 경영은 궁극적으로 Data와의 싸움이다. 환경 및 사회적 책임과 연관된 Data 관리 집계 등과 연계된 연구기능 역할을 지역의 고등전문기관인 대학과 부속 연구소가 수행하는 것이 필요하다.

Chapter

# 11

# 창업 전문가 인터뷰

Environmental, Social and Governance

# 1. 김영덕 디캠프 대표

- 벤처 1세대의 대표 주역이자 스타트업 육성 창업 전문가
- 국내 최대 규모의 스타트업 지원 기관의 대표
- 인터파크 최고기술책임자(CTO), 최고마케팅책임자(CMO), 최고전략책임자(CSO), 인터파크게임즈 대표
- G마켓 공동 창업자. G마켓 이사 – 나스닥에 상장 후 엑시트
- 롯데정보통신 CTO, 롯데액셀러레이터 설립 TF팀장, 센터장, 총괄상무
- 실리콘밸리 및 국내 벤처캐피탈 투자자
- 저서: 재미있는 스타트업 이야기(2022, 공저)
- 서울대 계산통계학과 졸업, 포스텍 정보통신대학원 졸업

## ▶ 은행권청년창업재단 디캠프에 대해서 소개해 준다면?

은행권청년창업재단 디캠프는 2012년 19개 금융기관이 출연해 설립한 국내 최대 규모의 스타트업 지원 기관이다. 지금까지 우아한형제들, 버킷플레이스, 비바리퍼블리카, 당근마켓, 하이퍼커넥트, 직방, 더핑크퐁컴퍼니, 야놀자, 옐로모바일 등 9개 유니콘 기업을 포함한 3,505개 스타트업이 디캠프가 출자한 펀드를 통해 간접투자를 받았다. 디캠프의 직접 지분투자를 한 스타트업으로는 고피자, 구르미, 에이셀테크놀로지스 등이 있다.

## ▶ 누가 창업을 할 수 있나, 아이템은 어떻게 찾는지, 사례에 대해서 알려준다면?

보통 사람들은 세상을 변화시키는 거창한 아이디어가 창업에 필요하다고 생각한다. 하지만 최고의 사업 아이템은 대개 직접 경험으로부터 온다. 대표적인 사례로 2008년에 설립된 세계적인 유니콘 기업 에어비앤비가 있다. 당시 창업자 브라이언 체스키는 월세 비용을 마련하고자 여러 대안을 모색 중이었다. 그러던 어느 날, 주거지 근처에 큰 콘퍼런스가 개최되었고 모든 호텔이 만석 상태가 된다. 이때 그는 숙소 예약 시 사람들이 겪는 불편함에 공감해 남는 방을 임대하는 아이디어를 떠올리고 숙박 공유 플랫폼 사업의 초석이 되었다. 이처럼 본인의 직접적인 경험을 바탕으로 비즈니스 모델을 구상한 다양한 사례를 살펴보며 성공적인 창업에 필요한 사업 아이템 개발 전략을 들여다보면 좋을 것이다.

### ▶ 창업하고 투자를 받을 때 조언을 해준다면?

먼저 창업의 존재 이유와 목적, 사람들에게 어떻게 기억되고 싶은가를 심각하게 고민해야 한다. 비즈니스 모델을 만든 뒤 투자를 받을 때 투자자와 논쟁해 이기려고 해서는 안 되고, 길게 설명하거나 가르치려는 태도는 금물이다. 최초, 최고 기술 등 형용사를 쓰지 말고 그저 팩트를 가지고 얘기해야 한다. 믿을만한 동료와 같이 팀을 잘 짜는 것도 매우 중요하다.

### ▶ 최근에 투자 상황이 어려운데 어떻게 보는가?

불황에 투자자들이 몸을 사리면서 스타트업들이 통과해야 하는 그물망이 촘촘해졌다. 예전에는 성장성이 있다면 매출은 그다음이었는데, 지금 투자자들은 성장성도 있고 구체적인 수익 모델이 있는 스타트업을 찾기 때문에 더 많은 준비들을 해야 한다.

### ▶ 스타트업이 성장 국면으로 갈 때 위기 관리법에 대해서도 한마디 한다면?

스타트업은 가장 혁신적이고 효율적인 사업조직이다. 창업가와 직원들이 함께 기업 문화를 잘 만들어 모두 성장하는 질적 변화를 끌어내는 것이 중요하다. 그리고 스타트업이 성장하다 보면 데스밸리를 지나는데 끝까지 버티는 것이 이길 수 있는 방법이니 포기하지 않아야 한다. 특히 투자자, 직원, 고객, 협력사, 지역사회 등 이해관계자와의 약속을 잘 지켜야 신뢰를 받을 수 있고 위기를 관

리해 나갈 수 있을 것이다.

### ▶ 디캠프 등 다양한 기관에서 선정을 하실 때 중요하게 판단했던 기준은 어떻게 되는지?

사업능력은 기본이고, 창업자와 팀을 살피며 '좋은 회사'를 가리기 위해 인터뷰에 공을 들인다. 협업을 할 수 있는 회사인지, 창업자는 큰 꿈을 품고 있는지, 역경과 고난에 버틸 수 있는 '뚝심'을 가진 사람인지 등 다차원적인 인터뷰를 진행하고 기업을 선정한다.

스타트업의 부족한 수익모델은 사업하면서 보완하면 되지만 구성원은 다르다. 액셀러레이터 관계자로서 이를 받아들이고 꾸려갈 구성원을 가장 크게 본다. 창업 멤버 자질이 우리가 평가할 때도 가장 눈여겨보는 경우들이 많다. 창업자 면면이 우수하면 당장은 사업성이 부족해도 선발하는 경우도 있다.

### ▶ 창업은 대표자가 혼자서 하는 일이 아니다. 리더의 역량이 좋은 사례를 소개해 준다면?

사업은 좋은 아이템도 중요하지만 대표자의 부족함을 상호 보완해 줄 동료와 조직의 존재가 중요하다. 따라서 리더에게는 탁월한 인재들을 발굴하고 바람직한 조직 문화를 형성해 나가면서 결집력을 높이는 능력이 필요하다.

이러한 리더의 역량을 잘 보여준 사례로는 '우아한 형제들'의 김봉진 의장을 꼽을 수 있다. 김 의장은 '우아한 수다타임'이라는 문화를 만들어서, 정해진 시간 내 구성원이 회사에 건의하고 싶은 내용이나 질문을 익명으로 나눌 수 있게 하였고, 이는 조직 내 정보 흐름을 원활하게 해 신속히 문제를 파악하고 대응하도록 했다. 더불어 경직된 조직 분위기를 부드럽게 환기하게 했다. 이처럼 조직에 필요한 핵심 인재를 뽑아 조직 문화를 형성하고, 기업 성장까지 도모하는 리더십 사례를 살펴보며 창업가에게 필요한 인재 경영 전략에 대해 케이스 스터디를 할 필요가 있다.

### ▶ ESG창업을 준비하는 창업가들의 기회는 어떻게 보는가?

기업의 미래를 바꿀 대항해라고 생각한다. 다양한 기회들이 있겠지만 지구가 지속하기 위한 새로운 비즈니스 기회로서 기후테크를 뽑을 수 있다. 백만 명 이상의 문제를 해결하는 그런 비즈니

스는 기업에게도 필수적이다. 기후 위기를 타개할 수 있는 사업을 가장 큰 기회가 될 수 있을 것이다. 테크 기반 스타트업이 혁신을 추구하기 적합한 조직이라고 보고 있다.

### ▶ 그린 비즈니스 관련 기업 소개를 해준다면?

#### 에어컴퍼니

미국의 에어컴퍼니(Air company)라고 탄소를 활용해 보드카와 알코올 제품을 만드는 스타트업으로 기후이상의 주범인 탄소를 다양한 원료로 바꾸는 기술을 보유하고 있다.

#### 마이셀

버섯 균사체를 활용해 인조가죽을 제조하는 스타트업인 마이셀은 동물의 근육과 유사한 균사체의 성질을 활용해 섬유 구조를 모사하며 탄소배출, 에너지소비, 물의 오염을 방지할 수 있다. 이 기업은 현대차의 사내벤처로 시작했고 디캠프의 패밀리사이기도 하다.

**포엔**

포엔이라는 곳은 성능이 저하된 이차전지를 재제조하는 업사이클링 스타트업으로 전기차가 보급률이 높아지면서 잠재력이 커지는 사업모델을 가지고 있다.

**비욘드미트(Beyong meat)**

식물성 재료를 활용한 대체육을 제조해서 판매하고 있는 기업으로 일반고기 대비 환경에 대한 영향을 25퍼센트 수준으로 낮춘 친환경 식품을 만들고 있다.

## ▶ 창업가들에게 마지막으로 한마디 한다면?

창업은 구멍 뚫린 항아리를 하나씩 채워가는 과정이고 항아리 그릇 크기를 결정하는 것은 창업팀의 역량이다. 창업 과정에서 유연성, 학습능력이 필요하다. 그리고 ESG에 대해서 체계적인 비즈니스 모델을 만들고 멀리 보면서 유연해야 한다.

## 2. 조상래 언더독스 대표

- 혁신 스타트업 창업교육 및 빌더 전문가
- 창업가 1만 3천여 명 육성 노하우를 가진 창업가 육성 전문기업 대표
- 전북창조경제혁신센터 ESG 자문위원
- LG소셜캠퍼스 로컬밸류업 기획운영
- SK E&S 로컬라이즈 군산 운영 총괄
- 로컬라이즈 군산 페스티벌 'Local:Rise.ZIP' 총괄

## ▶ 언더독스는 어떻게 만들어졌나? 언더독스에 대해서 자세히 소개해 준다면?

2015년 4월, 언더독의 가능성을 믿는 창업가들이 모여 창업가 동료를 위한 교육을 시작했다. 언더독스의 이름은 스포츠에서 우승하거나 이길 확률이 낮은 팀·선수를 일컫는 '언더독(underdog)'에서 이름을 따왔다. 비즈니스를 통해 세상을 바꾸겠다는 포부로 '기업가형 인재(entrepreneur)'를 육성하는 것을 목표로 하고 있다.

공동창업자의 마음으로, 동료와 함께 만든다는 마음으로 창업가와 파트너를 만나고, 항상 남들과 다르게, 더 빠르게, 압도적으로 결과를 만들어왔다. 세상을 바꿀 언더독의 가능성을 믿는 언더독스는 오늘도 실행하는 창업가, 액트-프러너[2]와 이들의 가능성

2) 액트-프러너(Act-preneur): 언더독스가 새롭게 정의하는 창업가형 인재로 "실행을 통해 희박한 가능성을 현실로 만들며 연쇄적인 혁신을 일으키는 창업가"를 일컫는다.

을 믿는 파트너들과 함께 성장하고 있다.

### ▶ ESG창업을 준비하는 창업가들의 기회는 어떻게 보는가?

사회가 복잡해지면서 사회문제의 해결방식도 복잡해졌다. 해결되지 않은 사회문제는 더 많은 사람들에게 영향을 미치게 된다. 다른 사람의 문제로만 생각됐던 것들이 나의 문제, 내 가족의 문제, 우리 동네의 문제가 되었다. 환경문제, 사회문제를 해결하는 것이 더 많은 사람들의 관심사가 되었고, 더 많은 사람들이 필요로 하게 되었다. ESG창업을 준비하는 창업가들이 앞으로 더 많이 주목 받을 수 있는 이유다.

동시에 위기이기도 하다. 이전에는 ESG창업가들에게 사회문제, 환경문제 해결을 통해 창출되는 사회적 가치, 즉 결괏값에 대한 기대가 컸다. 하지만 이제는 문제를 해결하는 과정, 사회적 가치가 창출되는 과정이 ESG 관점에서 제대로 문제가 없는 것인가가 평가의 대상이 되었다. 대기업에 비해 자원과 기술이 부족한 스타트업들에게 오히려 더 큰 과제가 주어진 것이기도 하다.

### ▶ ESG창업 기업 소개를 해주신다면?

#### 모어댄

버려진 자동차의 시트를 가방으로 만든다. 기존 가죽을 활용하면서 동물의 생명이 보호받고, 물 사용과 그 과정에서의 막대한 탄소배출량을 줄일 수 있다. 폐가죽을 업사이클하는 과정에 대한 고민도 깊다. 세척하는 과정은 100% 빗물을 활용한 방식을 적용하고, 취약계층고용을 통해 일자리를 창출한다.

### 페이퍼팝

종이로 가구를 만든다. 기존 가구에 사용되는 플라스틱이나 합성목재는 버려질 경우 환경에 악영향을 미친다. 1인 가구의 경우 저렴한 가구를 사용하고 교체가 빈번한데, 이런 상황이라면 페이퍼팝이 만든 종이 가구를 사용했을 때, 환경에 미치는 악영향을 줄일 수 있다.

### 마들렌메모리

브랜드 기업이 중소사업에 진출하는데 필요한 기술, 물류, 운영 솔루션을 통합적으로 제공한다. 예컨대 패션회사들의 중고시장 런칭을 쉽게 만든다. 패션회사는 자신들의 브랜드 가치를 유지하면서 중고마켓을 통해 또 다른 고객들을 확보할 수 있고, 자원의 순환을 만들어 낼 수 있다.

## ▶ 창업가들에게 마지막으로 한마디 한다면?

창업은 창업가가 가진 가설을 실행을 통해 하나씩 확인하고 수정하고 증명해가는 과정이다. 창업가 갖고 있는 방식만이 문제 해결을 위한 답이 아니라는 생각이 중요하다. 해결하고자 하는 문제에 대한 전문성과 창업가만의 관점, 실행을 통해 지속적으로 해결 방식을 찾아가는 노력이 중요하다.

群山

Appendix

# 부록

1. 국정과제
2. 비즈니스 모델 캔버스(BMC) 작성양식
3. R&D평가용 기술사업계획서

Environmental, Social and Governance

## 1. 국정과제

### 1) 국정과제 06. 미디어의 공정성·공공성 확립 및 국민의 신뢰 회복

#### (1) 과제목표

방통위에서 추진하는 과제로 공영방송의 위상 정립과 공적 책무 이행을 위해 경영평가, 지배구조, 수신료 등 관련 법·제도를 개선하고 공적 운영 방송에 대한 공익성 및 경쟁력을 강화하여 국민의 신뢰를 회복

#### (2) 주요내용

- (공영방송 위상 정립) 공영방송의 공영성 및 사회적 책무 강화를 위해 경영 평가 지표 개발(KBS중심) 및 재허가반영, ESG 성과를 방송평가에 반영
  - 공영방송의 위상과 공적 책무를 법률에 명확히 규정하고 재허가 제도를 대체하는 협약제도 도입
- (공영방송 재원 투명성 강화) 공영방송 재원의 투명한 운영·관리를 유도할 수 있는 체계를 마련하고 수신료 사용 등 관련 정보를 국민에게 공개
  - 수신료를 다른 재원과 구분하는 회계분리제도를 도입하고, 수신료 금액에 대한 객관적 검토 및 배분기준 등을 마련하기 위한 기구 설치 추진
- (공영방송 지배구조 개선) 공영방송의 정치적 중립과 신뢰성 확보를 위해 이사회 구성 및 사장 선임 절차 등 방송관계법 개정 추진
- (공적운영 방송 공익성 강화) 국가예산 등 공적재원이 지원되는 공적 운영 채널에 대한 콘텐츠 평가 실시 및 환류체계 마련

- 공적운영 채널 대상 평가항목 개발 및 우수 채널에 대한 인센티브 제공 추진

(3) 기대효과

공영방송 등 미디어에 대한 국민의 신뢰를 회복하고 공적 책무를 강화하여 미디어의 발전과 공공복리 증진에 기여

## 2) 국정과제 17. 성장지향형 산업전략 추진

### (1) 과제목표

산업부에서 추진하는 과제로 민·관 협력을 토대로 국가 기업지원 체계를 성장지향형으로 정비

### (2) 주요내용

• (성장사다리) 세계적 기업으로의 성장을 촉진하는 혁신생태계 복원
- 성장 역행적 지원체계의 개편, 「중견기업법」 상시화 등 추진
- 기업 성장단계 및 유형별 특성을 반영한 맞춤형 지원전략 추진

*관계부처 합동 기업성장 프로젝트 추진, 중견기업 도약지원펀드 조성 등

• (지속가능성장) ESG 등 기업 성장과 사회적 가치 연계모델 확산
- 중소·중견기업 ESG 경영 확산* , ESG 관련 민관합동 컨트롤타워 신설 검토

*K-ESG 가이드라인 고도화, 공급망 실사 대응지원 사업 신설, 소셜 택소노미 마련 등

- 주력산업 영위기업의 선제적 사업재편을 통한 신산업 진출 집중 지원

*전용 R&D 기간연장·규모확대 등 인센티브 강화, 한시법인 「기업활력법」 상시화

- 기업의 혁신·일자리 수요를 토대로 기업주도 인재양성 체계 강화

*산업브레인센터 구축, 「(가칭)산업인력혁신 특별법」 제정 검토, 업종별 현장인력 AI교육 확대

- (추진체계) 대통령 주재 「산업혁신 전략회의」신설 및 운영
  - 기업의 수요를 기반으로 정부·산업계가 실물경제 성장전략을 마련·추진
  - 기업의 규제 애로사항을 발굴하여 정부 규제혁신 메커니즘 적극 지원

*기업투자 프로젝트별 규제 셰르파 구성, 규제영향평가 항목 등에 산업경쟁력 영향 반영

- (클러스터) 기업 중심의 클러스터 경제 혁신 기반 확충
  - 기업주도로 클러스터의 혁신체계 구축, 종합계획 수립, 생태계 분석 등 추진
  - 클러스터·메가시티별로 신산업 선정·육성, 강소도시에 상생형 일자리 확대
  - 디지털화·그린화, 맞춤형 지원을 통한 산업단지 고도화 및 창업거점화

*스마트그린산단 확대, 탄소중립형 산단 전환, 노후산단 리모델링 및 문화·여가 공간 조성 등

#### (3) 기대효과

우리 산업·경제의 역동성을 제고하고 기업의 성장기반을 마련

### 3) 국정과제 18. 역동적 혁신성장을 위한 금융·세제 지원 강화

#### (1) 과제목표

- 기재부·금융위의 과제로 기업의 투자·고용 촉진 등 민간 중심의 역동적 혁신성장 지원
- 정책금융을 수요자 중심으로 재편하여 시장보완 분야 집중 지원

### (2) 주요내용

- (투자 · 고용 · 리쇼어링 활성화) 기업 경쟁력 강화 등을 위한 세제 지원 확대
  - 국제적 조세경쟁 등을 고려하여 법인세 과표구간 단순화 및 최고세율 인하
  - 기업의 국내외 유보소득 배당 촉진을 통한 국내 투자 활성화
  - 디지털 · 저탄소 경제 전환을 위한 R&D 등 세제지원 강화
  - 벤처기업의 우수인재 유입 지원을 위해 스톡옵션 세제지원 강화
  - 국내 복귀 기업에 대한 세제지원 확대 등 리쇼어링 지원 강화
  - 정책효과는 낮으면서 기업에 과도한 부담을 주는 제도는 합리적으로 개선
- (세대 간 기술 · 자본 이전 촉진) 세대 간 기술 · 노하우 · 자본 이전 촉진을 위해 가업상속공제 및 가업승계 증여세 특례제도 요건 등 합리화 등
- (정책금융 역할 재정립) 정책금융이 민간의 역동적 혁신을 효과적으로 지원하도록 민간금융 중복 최소화 및 시장보완 분야(미래투자 등) 집중 지원
  - 정책금융 공급은 미래핵심기술, 탄소중립 등 대규모 · 장기 · 위험 분야에 중점
  - 민간금융 영역의 정책금융은 점진적으로 축소하고, 정책금융 성과 평가 및 정책금융의 발전적 재편 추진
- (ESG 금융기반 마련) 금융권의 ESG 분야 자금지원 확대 및 중소 · 벤처기업의 ESG 실사 · 진단 등 맞춤형 컨설팅 지원 강화 추진

### (3) 기대효과

- 기업의 투자 · 고용 · 리쇼어링 촉진 및 가계의 소비 여력 확충
- 시장중심 정책금융 공급체계를 통해 역동적 혁신성장을 뒷받침

## 4) 국정과제 68. 안심 먹거리, 건강한 생활환경

### (1) 과제목표

- 환경부 · 식약처의 과제로 새로운 일상[3]*의 먹거리 안전망 확충과 건강 위해요인 통합 관리로 안전 사각지대 해소, 국가 식생활 관리 체계 구축으로 모두가 건강한 삶을 향유
- 환경오염 피해 및 화학물질 노출을 선제적 · 효율적으로 관리하여 국민 건강 보호

### (2) 주요내용

- (먹거리 안전권) 생산부터 소비까지 새로운 위해요인 관리 강화
  - 생산농약 · 동물약품 등 잔류검사기준(PLS), 수입방사능검사 · 해외직구 관리를 강화하고 新유통온라인 · 새벽배송 등 안전망과 新기술 · 소재식품 · 용기 안전검증 확대
- (식생활 건강권) 매일먹는 급식, 개인상태별 건강식까지 국가관리 확대
  - K-급식 위생·영양관리체계 재설계, 맞춤형 메디푸드 · 건강기능식품 적정섭취 기반 확립 및 소비기한, 디지털·점자 표시 등 선택권 보장
- (건강 위해요인 통합관리) 과학적 근거 기반의 통합 평가 · 예방 체계 구축

---

3) 직접조리 → 간편식, 오프라인 → 온라인, 집밥 → 급식 · 외식, 맛 · 질 → 건강까지 고려 등 식생활 변화 가속화

- 제품중심에서 인체 안전중심으로 유해물질 총량 평가관리체계 확립, 담배 유해성분 평가·공개 및 건강 위해요인(중독,손상 등) 예방정책 수립

- (환경보건 서비스) 환경오염물질, 석면 등 4개로 분산되어 있는 피해구제 체계를 통합하고, 환경조사-분쟁조정-피해구제 원스톱 서비스 체계 구축
  - 환경오염 취약지역에 대한 선제적 건강영향조사 확대('22~'26년, 90개소), 취약계층 대상으로 실내환경 개선 등 환경보건 서비스 제공
- (화학물질 관리 개선) 물질별 특성과 취급량 등을 고려하여 유해화학 물질 지정·관리 차등화('24년), 국민안전은 지키면서 기업부담은 경감

#### (3) 기대효과

- 먹거리 불안 없이, 먹으면서 더 건강해지는 국민의 먹거리 기본권 보장
- 신속한 피해조사 및 심사로 환경오염 피해구제 소요기간 50% 단축

### 5) 국정과제 86. 과학적인 탄소중립 이행방안 마련으로 녹색경제 전환

#### (1) 과제목표

- 환경부·국조실의 과제로 글로벌 탈탄소 전환에 대응하기 위한 적극적인 탄소중립 정책 추진
- 녹색산업·기술을 기반으로 녹색투자와 소비를 촉진하는 경제 생태계 조성

#### (2) 주요내용

- (탄소중립 이행방안 조정) 2030 국가 온실가스 감축목표(NDC)는

준수하되, 부문별로 현실적 감축수단을 마련하여 법정 국가계획에 반영(~'23.3월)

- 기후변화 영향평가 시행('22.9월), 온실가스 감축인지 예산제 적용('23년 예산)

• (탄소무역장벽 대응) 배출권 거래제 유상할당 확대안을 검토하고, 늘어난 수입은 기업의 감축활동을 지원하는 선순환체계 구축

• (지역·국민 탄소중립 실천) 지자체 탄소중립 지원센터 설립·운영을 확대 (~'27년, 100개소 이상)하고, 지역별 대표모델로 탄소중립 그린도시 확산

- 탄소중립 실천포인트 등 인센티브 강화로 범국민 생활실천 확대('22~)

• (녹색분류체계 보완) EU 사례를 참고하여 녹색분류체계에 원전을 포함 하고, '23년부터 본격 현장 적용하여 녹색 투자분야 자금 유치·지원

• (녹색산업·기술육성) '22년부터 중소·중견기업 대상 ESG 종합 컨설팅, '26년까지 환경표지 대상품목 확대 및 인증기준 강화(환경성 상위 30%)

- 녹색융합클러스터 조성 등으로 기후테크, 환경 IoT, 바이오가스 등 5대 녹색 신산업 집중 육성

• (공간·이동의 탄소중립) 탄소중립도시 지정, 제로에너지 건축 및 그린 리모델링 확산 등 탄소중립 공간 조성

- 사업용 차량의 친환경차 전환 지원, 철도·항공의 저탄소화 등 친환경 교통체계 전환

### (3) 기대효과

- '30년까지 온실가스 배출량은 40% 감축('18년 727.6백만톤→436.6 백만톤)하면서, 녹색산업 · 기업의 경쟁력 제고(녹색산업 규모 30% 이상 확대)

## 6) 국정과제 87. 기후위기에 강한 물 환경과 자연 생태계 조성

### (1) 과제목표

- 환경부 과제로 모두에게 안전하고 스마트한 새로운 물 서비스 제공, 자연 생태계의 지속가능성 제고를 통해 기후재해로부터 안전한 환경 조성

### (2) 주요내용

- (안전한 스마트 물 관리) 홍수 · 가뭄 등 재해로부터 안전하고 깨끗한 물 관리
  - 인공지능(AI) 홍수 예보('25년), 댐 · 하천 디지털트윈 구현('26년) 등 스마트기술 기반의 물 재해 예보 · 대응체계 구현
  - 국가 · 지방하천 예방투자 확대로 재해에 대한 국가 책임 이행 강화
- (물 서비스 품질 제고) 물 서비스 고품질화 및 지역 간 격차 해소
  - 지역 맞춤형 수도사업자 통합('23~), 낙동강 취수원다변화 추진('22~) 등으로 지역 간 먹는 물 서비스 균등화
  - 치수 · 생태 · 문화 · 관광이 어우러진 명품하천 조성('22~), 물 자원을 활용한 재생에너지 생산 확대로 새로운 부가가치 창출
- (환경시설 현대화) 노후화된 물 관리시설(상 · 하수도, 다목적댐) 정비 및 현대화로 국민안전과 경제 활성화 동시 달성
- (생물 다양성 보전) 생태공간 확충, 야생생물 관리 강화로 지속가능

한 생태계 조성

- 생물 다양성 우수지역의 보전 활동 지원 확대(생태계 서비스 지불제 등), 유휴지, 훼손지 등 생태복원으로 생활 속 생태녹지 확충(~'26)
- 야생동물 검역 시행('24~), 곰 사육 종식(~'25), 야생동물 질병관리 현장 대응 강화 등으로 동물 공존 기반 강화

• (기후위기 감시·예측) AI, 빅데이터 등 기반 기후변화 및 위험기상 예측 첨단기술을 개발하고 국민 체감형·재생에너지 맞춤형 기상정보 제공

#### (3) 기대효과

• 제방정비율 향상(국가하천 80% → 90%) 등을 통해 홍수 등 기후위기로부터 국민의 건강과 재산 보호

### 7) 국정과제 88. 미세먼지 걱정 없는 푸른 하늘

#### (1) 과제목표

• 환경부과제로 초미세먼지 농도 개선으로 국민 건강 피해 예방 및 푸른 하늘 복원

#### (2) 주요내용

• (초미세먼지 국내 감축) 초미세먼지 30% 감축 로드맵 마련을 위해 「대기환경개선 종합계획」 재수립('22년)

- 전원믹스 최적화로 화석연료 발전비중 축소 추진('27년, 40%대 목표), 조기 폐차 지원 대상을 4등급 경유차까지 확대('23~)
- 전기차 · 수소차 등 무공해차 보급 확대 및 '35년 무공해차 전환 목표 설정 추진, 대기관리 권역별 배출 허용총량 50% 이상 축소

- 전기차 사용자의 충전요금 부담 경감 방안 마련, 소형차 온실가스 기준 강화

• (고농도 미세먼지 대응) 계절 관리제 시행기간 확대 검토, 고농도 예보 조기제공(12시간 전→2일 전 예보) 및 고농도 시기 석탄발전 감축 확대

- 계절관리제 기간 5등급 경유차 운행제한지역 확대(수도권→6대 특·광역시), 자발적 협약으로 참여 중인 민간 다배출 사업장 감축 제도화('23~)

• (초미세먼지 국외 유입 저감) 중국 등 주변국 양자 협력 강화 및 국제기구(UNESCAP 등)을 활용한 동아시아 대응체계 제도화

- 장거리 이동 대기오염물질 피해방지 종합대책 수립('22년)

• (실내 공기질 관리 강화) 학교 및 요양시설에 정화기 등 설치 확대 지원, 다중이용시설 실내 초미세먼지 기준 강화('24년 50→40㎍/㎥)

### (3) 기대효과

• 초미세먼지 수준 OECD 중위권으로 도약('21년 18㎍/㎥→'27년 13㎍/㎥)

## 8) 국정과제 89. 재활용을 통한 순환경제 완성

### (1) 과제목표

• 환경부 과제로 대량생산-폐기로 이어지는 선형경제를 벗어나, 생산·유통·소비·재활용 전 과정에서 폐기물 감량 및 고부가가치 재활용을 확대하는 순환경제로 전환

### (2) 주요내용

• (발생량 저감) 생산부터 폐기까지 전 과정에서 자원낭비 및 폐기물

발생 감축

- 1회용 컵 보증금제 시행('22.12월) 등 1회용품 사용감량 지속 확대
- 가치가 높은 폐자원은 순환자원으로 지정하여 폐기물 규제를 제외, 소비자의 수리권 보장 등을 담은 「순환경제전환촉진법」 제정('22년)

• (회수·선별 고도화) 불편은 줄이고 재활용 효과는 높이는 회수·선별 고도화

- 선별시설에 광학 선별기 설치를 의무화하고 공공선별장 현대화(~'26,62.6%)
- 국민 배출·반환 편의 제고를 위해 버스정류장, 지하철역 등에 1회용컵 무인회수기 설치

• (고부가가치 재활용) 품질 좋은 플라스틱은 재생원료로 의무 사용하고, 복합재질 등 재활용이 어려운 플라스틱은 열분해하여 원료로 활용

- 페페트 등 플라스틱 재생원료 사용 의무화(페트 1만톤/년 이상 생산자 등)
- 폐플라스틱을 열분해하여 석유·화학원료, 수소연료로 재활용 허용, 공공 열분해시설 10개소 확충 추진

• (바이오가스 확대) 가축 분뇨, 음식물 쓰레기, 하수 슬러지 등은 통합하여 바이오가스 생산('22년 유기성 폐자원법 제정, '26년까지 최대 5억Nm³/년 생산)

### (3) 기대효과

• 생활 플라스틱 발생량 '20년 160만톤 → '25년 20% 감량

• 매립과 소각 중심에서 열분해 방식으로 전환(열분해율 '20년 0.9% → '26년 10%)

# 2. 비즈니스 모델 캔버스(BMC) 작성양식

## 1) 작성양식

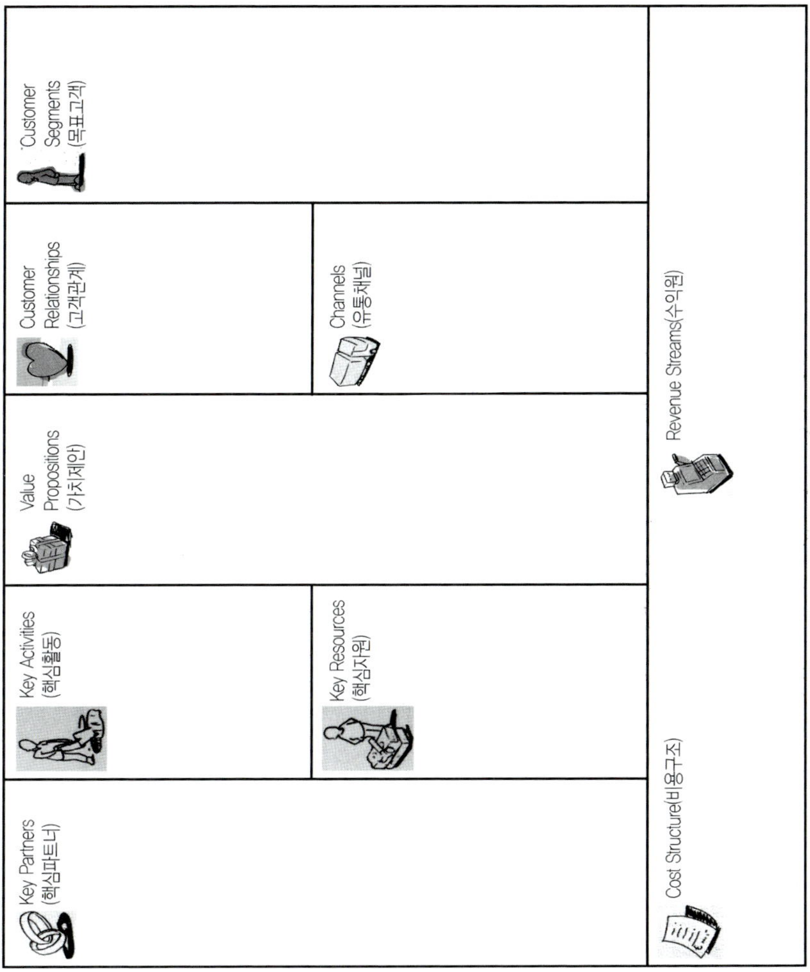

## 2) 작성방법(1)

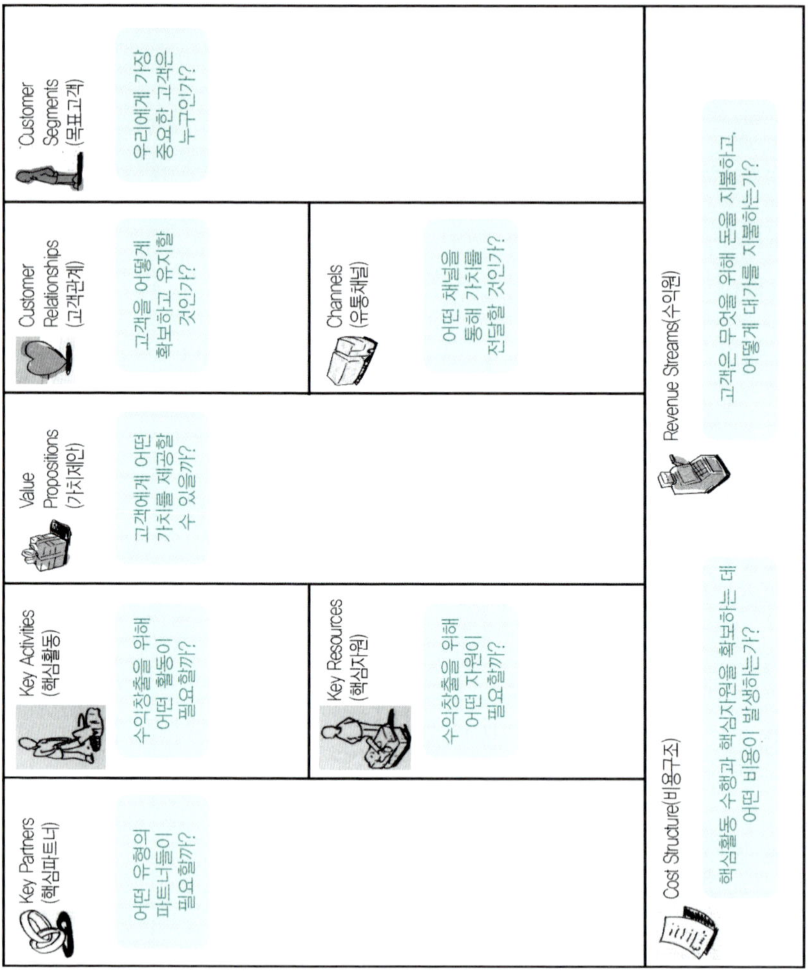
Key Partners (핵심파트너)
어떤 유형의 파트너들이 필요할까?
Key Activities (핵심활동)
수익창출을 위해 어떤 활동이 필요할까?
Key Resources (핵심자원)
수익창출을 위해 어떤 자원이 필요할까?
Value Propositions (가치제안)
고객에게 어떤 가치를 제공할 수 있을까?
Customer Relationships (고객관계)
고객을 어떻게 확보하고 유지할 것인가?
Channels (유통채널)
어떤 채널을 통해 가치를 전달할 것인가?
Customer Segments (목표고객)
우리에게 가장 중요한 고객은 누구인가?
Cost Structure(비용구조)
핵심활동 수행과 핵심자원을 확보하는 데 어떤 비용이 발생하는가?
Revenue Streams(수익원)
고객은 무엇을 위해 돈을 지불하고, 어떻게 대가를 지불하는가?

### 3) 작성방법(2)

<table>
<tr>
<td rowspan="2">Key Partners (핵심파트너)<br>누가 당신을 돕는가?</td>
<td>Key Activities (핵심활동)<br>무슨 일을 하는가?</td>
<td rowspan="2">Value Propositions (가치제안)<br>고객을 어떻게 돕는가? (어떤 가치를 줄 것인가?)</td>
<td>Customer Relationships (고객관계)<br>어떻게 고객과 상호작용하는가?</td>
<td rowspan="2">Customer Segments (목표고객)<br>누가 돈 되는 고객인가?</td>
</tr>
<tr>
<td>Key Resources (핵심자원)<br>당신은 누구이며, 무엇을 가졌는가?</td>
<td>Channels (유통채널)<br>자신의 가치를 어떻게 전달할 것인가?</td>
</tr>
<tr>
<td colspan="2">Cost Structure(비용구조)<br>무엇을 지불하는가?</td>
<td colspan="3">Revenue Streams(수익원)<br>무엇을 얻는가?</td>
</tr>
</table>

## 3. R&D평가용 기술사업계획서

# 기 술 사 업 계 획 서
(R&D평가용)

◈ 기술평가 신청기술(제품)

| 기술・사업명칭 | |
|---|---|

◈ 평가종류

| 평가종류 | 세부신청내용 |
|---|---|
| □ 자금지원용평가 | □ 운전 : ( )백만원 □ 시설 : ( )백만원 |
| □ 기술가치평가 | □ 현물출자용 □ 담보가치산정용 □ 투자용<br>□ 기술이전・거래용 □ 기타( ) |
| □ 우수기술기업 인증평가 | □ 벤처기업확인평가 □ 이노비즈기업선정평가 |
| □ 기술평가인증 | □ 여신심사용 □ 기술이전・거래용 □ 투자용<br>□ 기타( ) |
| □ 기 타 | (R&D평가용 ) |

# Ⅰ. R&D 과제 사업화 개요

## 1. 개요

<table>
<tr><td>과 제 명</td><td colspan="5"></td><td colspan="2">업종분류 :<br>(분류기호 : )</td></tr>
<tr><td>과제분류</td><td colspan="7">신제품개발( ), 기존제품개선( ), 신공정개발( ),<br>기존공정개선( ), 기타( )</td></tr>
<tr><td>총사업기간</td><td colspan="2">년 월~ 년 월</td><td>총<br>소요자금</td><td>백만원</td><td rowspan="2">당해사업<br>신청자금</td><td colspan="2" rowspan="2">백만원</td></tr>
<tr><td>당해사업기간</td><td colspan="2">년 월~ 년 월</td><td>당해사업<br>소요자금</td><td>백만원</td></tr>
<tr><td>권리구분</td><td colspan="7">특허권, 실용신안권, 의장등록, 프로그램, 저작권, 기타 ( )</td></tr>
<tr><td rowspan="2">권 리 자<br>(발명자)</td><td>성명</td><td></td><td colspan="2">주민등록번호</td><td></td><td rowspan="2">비<br>고</td><td rowspan="2"></td></tr>
<tr><td>주소</td><td colspan="4"></td></tr>
</table>

## 2. 단계별 소요기간

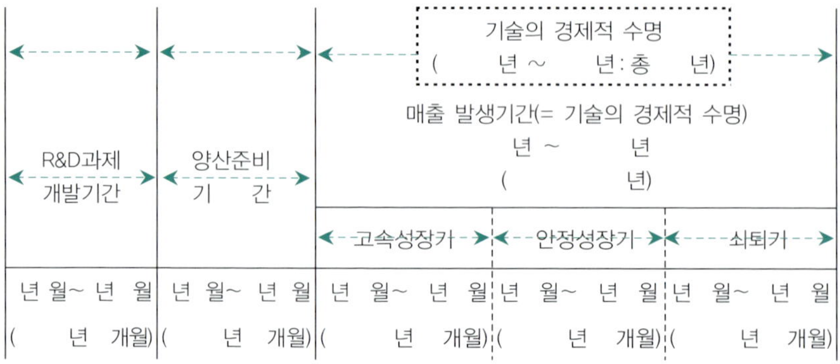


※ 용어정리

① R&D 과제 개발기간 : R&D과제 선정 후 개발완료까지 소요되는 기간

② 양산준비기간 : R&D과제 개발완료 후 매출시현 전까지 양산준비에 소요되는 기간

③ 고속성장기 : R&D 과제의 사업화성공으로 인한 시장선점 효과 등으로 인해 동업종 평균을 상회하는 성장을 보여 매출액, 순현금흐름 등이 증가하는 기간

④ 안정성장기 : 유사기술의 출현 등으로 인한 시장의 경쟁 심화 등으로 인해 동업종 평균과 비슷한 성장을 보여 매출액, 순현금흐름 등이 안정적인 패턴을 보이는 기간

⑤ 쇠퇴기 : 기술의 진부화 등으로 인해 매출액, 순현금흐름 등이 감소하는 기간

## 3. R&D 과제의 기술 · 시장성

### 1) 기술특성(기술의 개요, 기술의 핵심내용 및 혁신성, 개발기술동향)

#### (1) 기술의 개요

- R&D과제에 대한 전반적인 내용 정리

#### (2) 기술의 핵심내용 및 혁신성

- R&D과제 기술의 핵심이 되는 부분을 중심으로 현시점 대비 혁신적인 내용 정리
- 수명주기(Life Cycle Time)상 R&D과제 기술의 예상되는 위치(A~E 중 선택) 및 그 근거
- 수명주기상 위치 : (                    )
- 선택근기

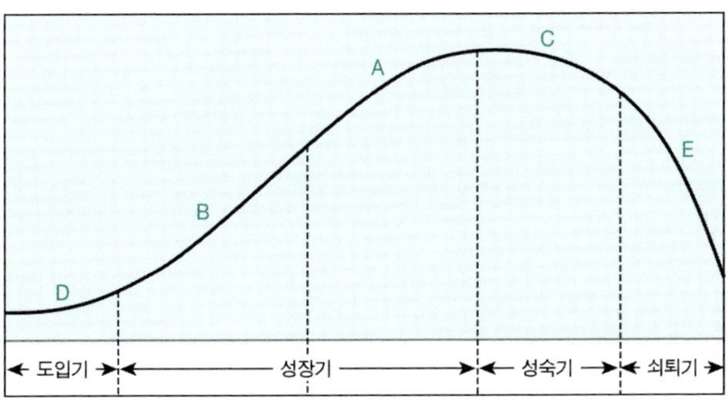


#### (3) 개발기술동향

- 현재 유사기술 연구개발 및 제품화 현황(기업체명과 기술명)
- 개발완료 후 예상되는 최종제품의 형태(종류가 여러 가지인 경우 3가지 정도만 기술함)
- 개발기술의 예상되는 향후 동향

- R&D개발 완료 후 단독으로 제품화 가능유무 및 핵심기술 및 주변기술 기여도
- 신청과제 개발완료나 제품화 후 발생할 기술의 응용가능성 및 확장가능성

## 2) 산업 · 시장 특성(고속성장기간 동안의 예상 시장규모 추정)

### (1) 목표시장 정의 및 규모

- 예상 최종제품의 목표시장을 정의하고 시장 규모 및 그 근거

### (2) 목표시장 예상 참여자수와 경쟁관계

- 제품화 이후 예상되는 경쟁업체 수와 경쟁강도
- R&D과제 추진 주체의 독과점, 과점, 경쟁 등 예상정도
- R&D과제의 예상되는 목표시장 점유율

### (3) 산업의 특성

- 최종제품이 속할 것으로 예상되는 산업의 특성
- 해당 산업의 법 · 규제 · 정책적 제약요인 및 장려요인(현재시점을 기준으로 작성)

### (4) 산업 및 시장의 예상 risk정도

- 최종제품이 속한 산업 및 시장의 예상되는 위험정도 작성

## 3) 생산추진계획(개발완료 및 제품화시기, 설비도입, 양산착수, 판매 등의 계획)

※ (계획)제품 및 기술이 2가지 이상일 경우 별지로 추가작성 할 것

### (1) 개발기술의 생산특성

- 생산형태(완제품, 반제품, 부품 중) 및 최종제품에 사용이 예상되는 핵심원재료 리스트

- 핵심원재료의 가격(현재시점)과 과거 가격추이 및 조달측면상 용이성
- 생산규모(대규모, 소규모, 대규모 생산 시설의 필요성 등)와 원료투입 및 예상 Lead-Time

### (2) 기존 자원 활용정도

- 기존 사업아이템과 R&D과제의 연관정도
- 기존 생산라인(설비포함) 예상 활용정도(　　　%) 및 근거
- 원재료 및 개발설비 공용화정도(　　　%) 및 근거

### (3) 최종제품의 제품경쟁력 수준

- 예상 경쟁사 및 유사제품과 비교하여 제품경쟁력 정도 작성

## 4. 투자계획

### 1) 연구개발인력 확보계획(개발기간 포함 인력확보 계획 작성)

| 구 분 | 현재인원<br>(신청일 현재) | 추가 소요인원 | | | | | | | 확보방안 |
|---|---|---|---|---|---|---|---|---|---|
| | | 년 | 년 | 년 | 년 | 년 | 년 | 년 | |
| 연구개발직 | | | | | | | | | |
| 계 | | | | | | | | | |

### 2) R&D과제 개발기간의 투자금액(R&D과제 개발완료 기간까지 투입 예상되는 투자 금액)

(단위 : 백만원)

| 구 분 | | R&D과제 개발기간(기간 : 년) | | | | |
|---|---|---|---|---|---|---|
| | | 1차년<br>( 년) | 2차년<br>( 년) | 3차년<br>( 년) | 4차년<br>( 년) | 5차년<br>( 년) |
| 연구개발비 | | | | | | |
| | 인건비 | | | | | |
| | 연구기자재비 | | | | | |
| | 기타<br>연구개발비 | | | | | |
| 기 타 | | | | | | |
| 계 | | | | | | |

■ **상세근기**

- 연구개발비

- 기타

### 3) 양산준비 기간의 투자금액(R&D과제 개발완료 후 매출시현 전까지 양산준비에 필요한 투자금액)

(단위 : 백만원)

| 구 분 | 양산준비 기간(기간 : 년) | | | | |
|---|---|---|---|---|---|
| | 1차년<br>( 년) | 2차년<br>( 년) | 3차년<br>( 년) | 4차년<br>( 년) | 5차년<br>( 년) |
| 시설자금 | | | | | |
| 건물, 구축물 | | | | | |
| 기계장치 | | | | | |
| 기타 자본적 지출 | | | | | |
| 운전자금 | | | | | |
| 계 | | | | | |

※ 미상각자산(토지 등)은 기재 생략

#### ■ 상세근기

- 시설자금

- 운전자금

## 5. 판매계획 및 전략

(단위 : 백만원)

| 연 도 별 | | 1차년<br>(　　년) | 2차년<br>(　　년) | 3차년<br>(　　년) | 4차년<br>(　　년) | 5차년<br>(　　년) |
|---|---|---|---|---|---|---|
| 제품 1 | 국내 | | | | | |
| | 해외 | | | | | |
| 제품 2 | 국내 | | | | | |
| | 해외 | | | | | |
| 제품 3 | 국내 | | | | | |
| | 해외 | | | | | |
| 합계 | | | | | | |

■ **판매전략**(판로개척 및 마케팅 계획)

• **연도별 판매계획**

- 매출액 기준으로 작성
- 매출추정의 근기를 명확하게 작성하고, 국내와 해외 매출이 있는 경우에는 각각 작성함

• **연도별 판매전략**

## 6. 추정 요약 손익계산서

(단위 : 백만원)

| 구 분 | 1차년<br>( 년) | 2차년<br>( 년) | 3차년<br>( 년) | 4차년<br>( 년) | 5차년<br>( 년) |
|---|---|---|---|---|---|
| 매출액 | | | | | |
| 매출원가<br>(감가상각비) | ( ) | ( ) | ( ) | ( ) | ( ) |
| 매출총이익 | | | | | |
| 판매 및 관리비<br>(감가상각비) | ( ) | ( ) | ( ) | ( ) | ( ) |
| 영업이익 | | | | | |

■ **추정근거**(각 항목별 추정근거를 구체적으로 기술)

# II. 기업경영현황

## 1. 개요

<table>
<tr><td colspan="3" rowspan="2">기업체명<br>(영 문)</td><td rowspan="2"></td><td rowspan="2">대표자<br>(영문)</td><td rowspan="2"></td><td colspan="2">E-mail<br>(대표자)</td><td></td></tr>
<tr><td colspan="2">Homepage</td><td></td></tr>
<tr><td rowspan="4">사<br>업<br>장</td><td>본사<br>여부</td><td>우편물<br>수령<br>희망지</td><td>주소</td><td>사업자<br>번호</td><td rowspan="4">소<br>유<br>여<br>부</td><td>소유/<br>임차</td><td rowspan="4">연<br>락<br>처</td><td>전화번호(Fax)</td></tr>
<tr><td>□</td><td>□</td><td>1)</td><td></td><td></td><td></td></tr>
<tr><td>□</td><td>□</td><td>2)</td><td></td><td></td><td></td></tr>
<tr><td>□</td><td>□</td><td>3) 외 개</td><td></td><td></td><td></td></tr>
<tr><td colspan="3">상시근로자</td><td colspan="6">당기 평균 : 명 (사무직 : 명, 기술직 : 명, 기능직 : 명, 기타 : 명)<br>최근 월말 : 명</td></tr>
<tr><td colspan="3">업종분류</td><td colspan="6">(분류기호 : )</td></tr>
<tr><td colspan="3">주 요 제 품<br>(상품, 용역)</td><td></td><td rowspan="2">용도 및 특성</td><td colspan="4" rowspan="2"></td></tr>
<tr><td colspan="3">주요원재료</td><td></td></tr>
<tr><td colspan="3">상장구분</td><td>거래소( ) 코스닥<br>( ) 제3시장( )</td><td>기업<br>형태</td><td colspan="4">등록( ) 벤처기업( ) 외감( )<br>외국인투자( ) 전문경영인( )</td></tr>
<tr><td colspan="3">주거래여신기관</td><td></td><td colspan="2">당좌거래은행(지점)</td><td colspan="3"></td></tr>
</table>

〈작성요령〉

- 사업장 : 규모순으로 사업자등록증상 사업장을 기재(3개 초과시 마지막주소 말미에 "외 ○개" 기재)
- 본사 : 법인기업은 법인등기부등본상의 본점소재지, 개인기업은 사업자등록증상의 사업장소재지 기재
  ※ 공부상 소재지가 실제와 상이한 경우 함께 기재 : [예시) 공부 : 사하구 장림동 469-3, 실제 : 사하 신평 474]
- 상시근로자 : 당해기업에 계속하여 고용되어 있는 근로자(대표자ㆍ이사, 감사 및 3개월 이내 기간을 정하여 고용되어 있는 근로자, 일용근로자, 기업부설연구소 연구전담요원 제외)
  - 당기평균 : 전년도의 매월말일 현재(급여대장 등 인원)의 근로자를 합하여 월로 나눈

인원
  - 최근월말 : 최근월말현재 상시근로자를 기재함(년도 중 창업한 기업은 최근월말 인원만 기재)
- 주요제품 : 기존 생산(판매)제품 、상품(서비스)이 있는 경우 품목기재(창업 후 기술개발 중인 경우 예정품목 기재)
- 주거래여신기관 : 거래여신(대출)기관 중 아래를 순차적으로 적용하여 해당되는 여신기관
  ① 주채무계열기업의 여신을 관리하는 주채권은행 ②보증신청일 현재 여신잔액이 가장 많은 여신기관
- 당좌거래은행 : 당좌거래가 있는 은행(지점)을 기재함(개인기업의 경우 가계당좌거래은행 포함)

## 2. 연혁

| 연 | 월 | 연혁 |
|---|---|---|
| | | (설립, 증자, 대표자、상호、업종 변경, 공장신축, 이전 등) |
| | | |
| | | |
| | | |
| | | |
| | | |
| | | |
| | | |
| | | |
| | | |

〈작성요령〉
- 법인기업은 법인 설립후의 자본, 대표자 등 변동상황을 기재
- 법인등기부등본상 증자등기 이후에 이루어진 증자분(유,무상증자)이 있을 경우도 포함하여 기재

## 3. 사업장 현황

(단위 : 백만원)

<table>
<tr><td rowspan="4">사<br>업<br>장</td><td>생산방식</td><td colspan="3">자사제조 % / 외주가공 %</td><td colspan="4">주문생산 % / 시장생산 %</td></tr>
<tr><td>가동상황</td><td colspan="7">월평균 일 / 1 일평균 시간</td></tr>
<tr><td>복리후생</td><td colspan="7">1. 상여금( %) 2. 단체퇴직보험 ( ) 3. 학자보조금( )<br>4. 식당( ) 5. 기숙사( ) 6. 주택(자금)대여( )</td></tr>
<tr><td>근무형태</td><td>( )교대</td><td>노동조합</td><td></td><td>노사분규</td><td></td><td>임금체불</td><td></td></tr>
</table>

〈작성요령〉

- 생산방식 : 자사 직접제조와 외주가공 비율 및 주문생산과 시장생산 비율을 각각 기재

## 4. 관계회사

(단위 : 백만원)

<table>
<tr><td colspan="2">기업체명</td><td></td><td></td><td></td></tr>
<tr><td colspan="2">대표자(설립일자)</td><td>(　　)</td><td>(　　)</td><td>(　　)</td></tr>
<tr><td colspan="2">법인(주민)등록번호</td><td></td><td></td><td></td></tr>
<tr><td colspan="2">사업자등록번호</td><td></td><td></td><td></td></tr>
<tr><td colspan="2">소　재　지</td><td></td><td></td><td></td></tr>
<tr><td colspan="2">업　종(주제품)</td><td>(　　)</td><td>(　　)</td><td>(　　)</td></tr>
<tr><td colspan="2">관　계　내　용</td><td></td><td></td><td></td></tr>
<tr><td rowspan="3">기금작성</td><td>총자산(자기자본)</td><td>(　　)</td><td>(　　)</td><td>(　　)</td></tr>
<tr><td>매출액<br>(당기순이익)</td><td>(　　)</td><td>(　　)</td><td>(　　)</td></tr>
<tr><td>보증잔액(신보)</td><td>(　　)</td><td>(　　)</td><td>(　　)</td></tr>
</table>

〈작성요령〉

- 관계회사 : 독점규제 및 공정거래에 관한 법률 제2조 제2호 및 동법시행령 제3조에 의한 기업집단에 해당하는 관계에 있는 기업(관계회사는 개인기업도 포함됨)
  - 동일인(8촌 이내 혈족 등 관련자 지분 합산)이 최다 출자자로서 당해 회사의 발행주식(의결권 없는 주식 제외)의 30/100 이상을 소유하는 회사 또는 당해 회사경영에 대해 상당한 영향력을 행사하고 있다고 인정되는 회사
- 관계내용 예시 1) 대표자가 동일인임, 2) 대표이사 ○○○ 25% 주식소유, 3) 모기업격인 ○○○(주) 25% 주식소유
- 총자산(자기자본), 매출액(당기순이익) 및 보증잔액(신보)란은 작성생략(기금에서 직접 기재)
  → 해당 관계기업의 재무제표 또는 공인회계사 감사보고서 제출

## 5. 대표자 등 (1. 대표자(　), 2. 공동대표자(　), 3. 실제경영자 등(　))

(단위 : 백만원)

| 성명 | | 주민등록번호 | | 전화번호 | | 휴대전화 | |
|---|---|---|---|---|---|---|---|
| 현주소 | | | | 소유자(관계) | (　) | 임차보증금 | |
| 실거주지 | | | | 소유자(관계) | (　) | 임차보증금 | |
| 동업계 종사기간 | 년　개월 | 5년 이내 상훈 (기업, 대표자) | 회 | 가족 상황 | | | |
| 건강상태 | 양호( ) 보통( ) 불량( ) | 취　미 | | 종교 | | | |
| 경영형태 | 창업(　)　2세승계(　)　인수(　)　전문경영인(　) | | | 자격증 | | | |
| 최종학력 | 년도　월　학교　과　졸업 | | | | | | |
| 주요경력 | 기간 | 근무처 | | 업종 | 담당업무 | 최종직위 | |
| | 년　월 ~　현　재 | | | | | | |
| | 년　월 ~　년　월 | | | | | | |
| | 년　월 ~　년　월 | | | | | | |
| | 년　월 ~　년　월 | | | | | | |
| 기타 소유 재산 및 특기사항 | | | | | | | |

〈작성요령〉

- 공동대표자, 실제경영자 등이 있을 경우 해당 내역에 "○" 표시하고 서식복사하여 별지로 추가작성
  - 실제경영자 : 형식상의 직위, 직책, 주식지분 등에 불구하고 임원에 업무지시 등 사실상의 경영권을 가진 자
- 현주소 : 현주소는 주민등록상 주소기재(임차일 경우 임차계약서 제출)
- 실거주지 : 주민등록상 주소지와는 관계없이 실제 거주주택을 기재(임차일 경우 임차계약서 제출)
- 동업계종사 기간 : 동사포함 표준산업분류상 중분류범위 내 동일업종 실제 근무년수(대

표자로서가 아닌 경우 포함)

- 5년 이내 상훈 : 국가・지자체, 공공단체로부터 5년 이내 기업 및 대표자의 상훈법에 의한 훈、포장의 서훈사실
- 가족상황 : 함께 거주하는 직계 존비속을 기재함(예 : 부, 모, 처, 1남1녀)
- 학력 : 특수대학원 등 교육과학기술부 인정 정규학력 이외 과정은 입력 제외
- 주요경력 : 최근경력부터 순차적으로 기재(장기간 경력 공백시 "기타 소유재산 및 특기사항"란에 기재)
  - 업종은 구체적으로 표시[(예시) S/W개발업, 유압프레스제조업, 전선제조업, 아동복제조업 등]
- 기타소유재산 및 특기사항
  - 거주주택 이외 부동산(골프회원권, 콘도미니엄)의 소재지, 종별, 규모, 설정관계 등을 간단하게 기재

    [(예시) 서울 중구 수송동 5가 1(대 220㎡, 건 100㎡, ○○은행 1억 설정), 통도사 골프회원권 ○○○]
  - 대표자 동업계 경력 중 "협회, 단체장, 임원역임, 회원"인 경우 동 내용을 기재(기업이 회원인 경우 포함)

# 6. 경영진 및 주주현황

## 1) 경영진현황

| 직위 | 성명 | 담당 업무 | 주민등록 번호 | 경영실권자 또는 대표자와의 관계 | 근속 년수 | 최종학교 | 주요경력 |
|---|---|---|---|---|---|---|---|
| | | | | | | | |
| | | | | | | | |
| | | | | | | | |
| | | | | | | | |
| | | | | | | | |
| | | | | | | | |

## 2) 주주현황

(단위 : 백만원)

| 주주명 | 경영실권자 또는 대표자와의 관계 | 소유주식 금액 | 점유비 (%) | 주주명 | 경영실권자 또는 대표자와의 관계 | 소유주식 금액 | 점유비 (%) |
|---|---|---|---|---|---|---|---|
| | | | | | | | |
| | | | | | | | |
| | | | | | | | |
| | | | | 계 | | | |
| | | | | 주가(　　현재) | 시가 :　　원 / 액면가 :　　원 | | |

〈작성요령〉

• 법인기업 : 최근 법인등기부등본에 의해 대표이사(수인인 경우 전부기재), 이사, 감사의 순으로 기재. 실제경영자가 있을 경우 실제경영자와의 관계만을 기재(예시 : 처, 형, 제, 처남 등)

- 등기된 임원이 아니더라도 관리, 기획, 재무, 마케팅 분야 담당 핵심인력을 포함하여

기재

- 회사에 근무하지 않는 단순주주의 경우 직위·담당업무는 기재생략 및 주요경력란에 "비상근" 기재

• 개인기업 : 대표자(수인인 경우 전부 기재), 실제경영자에 대하여 직위 등을 확인 기재

- 근속연수는 동사에서 근무한 연수를 기재
- 관리, 기획, 재무, 마케팅 분야 담당 핵심인력을 포함하여 기재

• 소유주식금액(법인기업만 작성) : 기술사업계획서 작성일 현재 주주명부상의 주주(단, 거래소, 코스닥, 제3시장 상장기업은 당기말 기준) 및 점유비를 기재(주주수가 난을 초과할 때는 "기타 ○명"으로 기재)

- 시가·액면가 : 상장기업(거래소, 코스닥, 제3시장)의 경우 기준일 현재 종가와 액면가를 기재

# III. 영업상황(일반업종용)

## 1. 최근 영업상황

(단위 : 백만원)

<table>
<tr><td colspan="3">매출 (수출) 실적 ( 현재)</td><td colspan="2">( 천불)</td></tr>
<tr><td colspan="3">수주 ( L/C ) 액 ( 현재)</td><td colspan="2">( L/C : 천불)</td></tr>
<tr><td colspan="3">부실채권 보유액 ( 현재)</td><td colspan="2">( ) 백만원</td></tr>
<tr><td>가격동향</td><td>제품(상품, 용역)</td><td></td><td>원재료</td><td></td></tr>
<tr><td rowspan="2">매출조건</td><td colspan="2">현금 % / 외상 %</td><td rowspan="2">매입조건</td><td>현금 % / 외상 %</td></tr>
<tr><td colspan="2">결제기간 ( 일 ~ 일)</td><td>결제기간 ( 일 ~ 일)</td></tr>
</table>

〈작성요령〉

- 최근 매출(수출)실적, 수주(L/C)액 : 기술사업계획서 작성일 또는 최근 월말 현재 기준으로 기재
  - L/C보유현황 및 수주액은 신용장 및 order(계약서)상으로 확인가능한 금액 기재
- 가격동향 : 제품(상품 · 용역), 원재료의 전년 대비 최근 가격변동 상황에 따른 가격동향(상승, 보합, 하락) 기재
- 외상비율 : 매출(매입)중 외상매출(매입), 지급(받을)어음거래 등이 각각 차지하는 비율을 기재
- 결제기간 : 어음결제 시 어음결제 만기일까지의 기간을 기재

## 2. 매출현황

(단위 : 백만원)

| 기간 / 제품, 상품 | | 전전기 | 전기 | 당기 |
|---|---|---|---|---|
| | | ~ | ~ | ~ |
| | | | | |
| | | | | |
| | | | | |
| | | | | |
| 계(수출실적) | | (　　천불) | (　　천불) | (　　천불) |
| 반기별 실적 | 상반기 | (　　천불) | (　　천불) | (　　천불) |
| | 하반기 | (　　천불) | (　　천불) | (　　천불) |

〈작성요령〉

- 당기 : 결산확정 여부에 불구, 평가신청일의 직전회계년도(기중에 영업이 개시된 경우 동 기간을 표시)

| (예시1) | 설립: 1997.9.3. 평가신청: 2000.3.3. | → | 1997.9.3~1997.12.31 | 1998.1.1.~1998.12.31 | 1999.1.1~1999.12.31 |
|---|---|---|---|---|---|
| (예시2) | 설립: 1999.7.8. 평가신청: 2000.3.3. | → | | | 1999.7.8.~1999.12.31 |

- 제품별 비율 큰 순서대로 기재(상품매출 · 용역수입이 있을 경우 구분기재) 및 제품별 구분 곤란시 합산 기재가능(품목별 매출실적의 합계액은 손익계산서의 순매출액과 일치하여야 함)
- 수출실적에는 외화금액(U$)만 기재하되, 원화는 합계에 포함 기재

## 3. 주요거래처

(단위 : 백만원)

| 구분 | 상 호 (사업자등록번호) | 연간 거래액 | 전화번호 | 거래기간 | 구분 | 상 호 (사업자등록번호) | 연간거래액 | 전화번호 | 거래기간 |
|---|---|---|---|---|---|---|---|---|---|
| 매출처 | | | | | 매입처 | | | | |
| 매출처 | ( - - ) | | | | 매입처 | ( - - ) | | | |
| 매출처 | | | | | 매입처 | | | | |
| 매출처 | ( - - ) | | | | 매입처 | ( - - ) | | | |
| 매출처 | | | | | 매입처 | | | | |
| 매출처 | ( - - ) | | | | 매입처 | ( - - ) | | | |
| 매출처 | | | | | 매입처 | | | | |
| 매출처 | ( - - ) | | | | 매입처 | ( - - ) | | | |
| 매출처 | | | | | 매입처 | 계 | | 약 개업체 | |
| 매출처 | ( - - ) | | | | 외주가공 | | | | |
| 매출처 | | | | | 외주가공 | ( - - ) | | | |
| 매출처 | ( - - ) | | | | 외주가공 | | | | |
| 매출처 | | | | | 외주가공 | ( - - ) | | | |
| 매출처 | ( - - ) | | | | 외주가공 | | | | |
| | 계 | | 약 개업체 | | 외주가공 | ( - - ) | | | |
| | | | | | 외주가공 | 계 | | 약 개업체 | |

〈작성요령〉

- 당기말(년도 중 창업기업은 최근월말)을 기준으로 작성
- 매출처/매입처/외주가공 : 거래금액 큰 순서로 기재(거래처수가 난을 초과할 때에는 기타로 표시)
  - 합계액은 각각 당기 손익계산서의 순매출액/당기 제조원가명세서상 당기원재료매입액/외주가공비와 일치
  - 수출의 경우 상대 국가별로 원화환산 구분 기재 및 "거래기간" 은 작성일 기준 년단위로 절사하여 기재
- 임가공업, 용역업 등의 경우에는 원재료 매입처 및 외주가공비란의 작성을 생략 가능

# IV. 영업상황(건설업종용)

## 1. 면허 및 시공능력 현황(건설면허 1.종합, 2.전문)

(단위 : 백만원)

| 면허종류 | 년도 | | 년도 | | 년도 | | 비고 |
|---|---|---|---|---|---|---|---|
| | 순위 | 시공 능력 | 순위 | 시공 능력 | 순위 | 시공 능력 | (취득일자 등) |
| | / | | / | | / | | |
| | / | | / | | / | | |

〈작성요령〉

- 취득한 면허종류(1. 종합건설업, 2. 전문건설업)를 입력(전문건설업의 경우 면허종목을 괄호로 기재)
- 면허종류별 3개년도 순위(순위/업체수), 시공능력을 전전기, 전기, 당기순으로 입력

## 2. 최근영업상황

(단위 : 백만원)

<table>
<tr><td colspan="3">매출 (수출) 실적 ( 현재 )</td><td colspan="2">( 천불)</td></tr>
<tr><td colspan="3">수주( L/C ) 액 ( 현재 )</td><td colspan="2">( L/C: 천불)</td></tr>
<tr><td colspan="3">부실채권 보유액 ( 현재 )</td><td colspan="2">( ) 백만원</td></tr>
<tr><td>가격동향</td><td>제품(상품, 용역)</td><td></td><td>원재료</td><td></td></tr>
<tr><td rowspan="2">판매조건</td><td colspan="2">현금 % / 외상 %</td><td rowspan="2">구매조건</td><td>현금 % / 외상 %</td></tr>
<tr><td colspan="2">결제기간 ( 일 ~ 일)</td><td>결제기간 ( 일 ~ 일)</td></tr>
</table>

〈작성요령〉

- 최근 영업상황 : 수주계약서 등에 의해 확인 가능한 최근월말 현재의 매출액을 입력
  - L/C보유현황 및 수주액은 신용장 및 order(계약서)상으로 확인가능한 금액 기재
- 가격동향: 제품(상품·용역), 원재료의 전년 대비 최근 가격변동 상황에 따른 가격동향 (상승, 보합, 하락) 기재
- 외상비율 : 매출(매입)중 외상매출(매입), 지급(받을)어음거래 등이 각각 차지하는 비율을 기재
- 결제기간 : 어음 결제시 어음결제 만기일까지의 기간을 기재

## 3. 공사수입현황

(단위 : 백만원)

| 기간 / 공사구분 | | 전전기 ~ | 전전기 ~ | 전전기 ~ |
|---|---|---|---|---|
| 국내공사(소계) | | | | |
| 구분 | 일반수주공사 | | | |
| | 관납공사 | | | |
| | 분양공사 | | | |
| 해외공사 | | ( 천불) | ( 천불) | ( 천불) |
| 기타매출 | | | | |
| 매출합계 | | | | |

〈작성요령〉

- 기중에 영업이 개시된 경우에는 동 기간을 표시
- 매출합계액 : 손익계산서의 순매출액과 일치하도록 작성
- 분양공사 : 분양 및 시공을 같이하는 경우 건설업으로 분류됨(분양만 하는 경우 부동산업으로 분류)
- 관납공사 : 정부(지자체 포함)가 발주한 공사를 직접 수주(원청업체)한 경우만 작성
- 해외공사 : 손익계산서ㆍ결산부속명세서ㆍ수출대금입금증명원 등에 의거 확인 가능한 경우 입력
- 기타매출 : 건설업매출 이외의 매출액이 있는 경우 업종별로 구분 입력
- 최근 영업상황 : 수주계약서 등에 의해 확인 가능한 최근월말 현재의 매출액을 입력
- 당기 : 결산확정 여부에 불구, 평가신청일의 직전회계년도(기중에 영업이 개시된 경우 동 기간을 표시)

| (예시1) | 설립: 1997.9.3. 평가신청: 2000.3.3. | → | 1997.9.3~1997.12.31 | 1998.1.1.~1998.12.31 | 1999.1.1~1999.12.31 |
|---|---|---|---|---|---|
| (예시2) | 설립: 1999.7.8. 평가신청: 2000.3.3. | → | | | 1999.7.8.~1999.12.31 |

- 제품별 비율 큰 순서대로 기재(상품매출ㆍ용역수입이 있을 경우 구분기재) 및 제품별 구분 곤란 시 합산 기재가능(품목별 매출실적의 합계액은 손익계산서의 순매출액과 일치하여야 함)
- 수출실적에는 외화금액(U$)만 기재하되, 원화는 합계에 포함 기재

## 4. 당기말 현재 진행공사 및 당기말 이후( . . 현재) 신규계약공사

(단위 : 백만원)

| 주요공사명 | 발주처 | 당기말현재진행공사 | | | 당기말 이후 신규 수주금액 | 공사예정 기간 |
|---|---|---|---|---|---|---|
| | | 수주금액 | 당기말 현재 총기성고 | 이월 공사액 | | |
| | | | | | | – |
| | | | | | | |
| | | | | | | |
| | | | | | | |
| | | | | | | |
| | | | | | | |
| | | | | | | – |
| | | | | | | – |
| | | | | | | – |
| | | | | | | – |
| 계 | | | | | | – |

〈작성요령〉

- 당기말 현재 진행중인 공사의 수주금액, 기성고 및 이월공사액을 각 공사별로 입력
- 당기말 이후 조사일까지의 신규계약 체결한 공사내용을 신규수주금액란에 입력(조사일 현재 공사완료된 건은 입력 생략)
- 이월공사액 : 수주금액에서 당기말 현재 총기성고를 차감한 금액
  [(예시) 수주금액 500,000, 총기성고 300,000('07년 기성고 100,000,+'08년 기성고 200,000) → 이월공사액 200,000]

## 5. 주요거래처

(단위 : 백만원)

| 구분 | 상 호 (사업자등록번호) | 연간 거래액 | 전화 번호 | 거래기간 | 구분 | 상 호 (사업자등록번호) | 연간 거래액 | 전화 번호 | 거래기간 |
|---|---|---|---|---|---|---|---|---|---|
| 구매처 | ( - - ) | | | | 하도급 | ( - - ) | | | |
| | ( - - ) | | | | | ( - - ) | | | |
| | ( - - ) | | | | | ( - - ) | | | |
| | ( - - ) | | | | | ( - - ) | | | |
| | ( - - ) | | | | | ( - - ) | | | |
| | ( - - ) | | | | | ( - - ) | | | |
| | ( - - ) | | | | | ( - - ) | | | |
| | ( - - ) | | | | | ( - - ) | | | |
| | 계 | | 약 개업체 | | | 계 | | 약 개업체 | |

〈작성요령〉

- 당기말을 기준으로 작성하고 각 구매처, 하도급처별 사업자등록번호를 상호란 하단에 입력
- 매출・매입처원장 등에 의해 거래금액이 큰 순서대로 입력 및 입력란을 초과할 때에는 기타로 표시
- 구매처 합계액 : 공사원가명세서상의 당기원재료매입액과 일치하도록 작성
- 하도급 합계액 : 당기 공사원가명세서상 외주비와 일치하도록 작성

# 참/고/문/헌


김경식 (2023). 착한 자본의 탄생. 어바웃어북.

김태식 외 8명 (2012). 고등학교 창의적 사고기법. 서울특별시교육청.

박봉수 (2015). 잠자는 창의력을 깨워라. 호이테북스.

박윤호, 한광식 (2009). 아이디어 특허로 재테크하기. 영진닷컴.

박종철 외 2명 (2021). ESG 경영과 법률. 도서출판 정독.

박종철 외 6명 (2022). ESG레볼루션. 캐피털북스.

심보균 (2023), ESG 공공기관, 지방자치단체의 역할과 교육. 한국ESG 학회 제2회 세계ESG포럼.

이선영 (2015). 1인 창업이 답이다. 갈라북스.

조연순 외 2명 (2008). 창의성 교육. 이화여자대학교출판부.

조준동 (2015). 창의융합 프로젝트 아이디어북. 한빛아카데미.

창조경제타운 (2013). 아이디어 보호 매뉴얼.

특허청 (2012). 영업비밀 관리매뉴얼 이론편. 한국특허정보원.

특허청 (2016). 지식재산권의 손쉬운 이용.

특허청 (2017). 심사 편람.

특허청 (2017). 여성발명 창의교실

하버드 경영대학원 (2004). 창의와 혁신의 핵심 전략. 청림출판.

한광식 (2017). 창업과 기업가정신. 이프레스.

한광식 (2018). 컨설턴트에 도전한다. 이프레스.

한광식 외 1명 (2015). 돈 버는 아이디어로 재테크하기. 이프레스.

허남식 (2023). 한국ESG학회의 진단과 대처. 한국ESG학회 제2회 세계 ESG포럼.

Wyatt, V. (2003). Inventions. Kids Can Pr.

- 대한변리사회(www.kpaa.or.kr)
- 영업비밀보호센터(www.tradesecret.or.kr)
- 중소벤처기업부(www.mss.go.kr)
- 특허청(www.kipo.go.kr)
- 한국발명진흥회(www.kipa.org)
- 한국여성발명협회(www.inventor.or.kr)
- 한국지식재산보호원(www.koipa.re.kr)
- 한국지식재산연구원(www.kiip.re.kr)
- 한국지식재산협회(www.kinpa.or.kr)
- 한국청년기업가정신재단(www.koef.or.kr)
- 한국특허정보원(www.kipi.or.kr)

# 찾/아/보/기

## 저자소개

한광식(Han, Kwang Sik)　kshan@kcce.or.kr

• 한국전문대학교육협의회 부설 산학교육혁신연구원장
• 전문대학평생직업교육협회(COLiVE) 사무총장
• 전문대학창업교육네트워크(CEEN) 회장
• 국가교육위원회 직업·평생교육 특별위원회 위원
• 중소기업정책심의회 지역분과위원회 전문위원(중소벤처기업부)
• 지역특화자원사업화연구센터 이사장(농림축산식품부)
• 한국ESG학회 부회장 겸 사회공헌위원장
• COLiVE 전문가 재능나눔(프로보노) 운영위원장
• 프로보노 ICT멘토링 운영위원
• 김포대학교 교수 역임
• 지역특화발전특구위원회 민간위원(부위원장) 역임
• 대통령직속 지방시대위원회 평가자문단 위원 역임
• 한국창업교육협의회 부회장 역임

박종철(Park, Jong Cheol)　cheolpj@gmail.comr

• 미국변호사, 법학전문박사
• 한국ESG학회 부회장
• 전문대학창업교육네트워크(CEEN) 실행위원
• 대신금융그룹 대신경제연구소 자문위원
• 신용보증재단중앙회 ESG경영위원
• 삼성중공업 ESG 자문위원
• A사 소셜임팩트펀드 민간자문단 위원
• 한국전문대학교육협의회 산학교육혁신연구원 정책자문위원
• 전문대학평생직업교육협회(COLIVE) 자문위원
• 한국중견기업학회 부회장
• (사)금융부동산규제연구원 부회장
• 중앙대학교 겸임교수
• (사)지역특화자원사업화연구센터 부회장

이종현(Lee, Jong Hyun)　hopeklee@daum.net

• 아시아 벤처 필란트로피 네트워크 한국대표부 총괄 대표
• 한국창업학회 상임부회장
• 전문대학창업교육네트워크 부회장
• 은행권청년창업재단 디캠프 멘토
• 한국창업지도사협회 엑셀러레이터 준비위원회 부위원장
• 지속가능경영학회 부회장 / ESG 위원장
• CSR포럼 운영위원
• 국제개발컨설팅협회 기획이사 / 운영위원
• 한국구매조달학회 이사 / 대외협력위원장
• 대한경영학회 상임이사 역임
• EMC 대표이사 역임
• 소셜엔터프라이즈네트워크 상임이사 / 대표 역임
• 유엔협회세계연맹 사무총장 특별보좌관 겸 대외협력 조정관 역임

# ESG창업 가이드북

**초판발행** 2024년 3월 25일 **1판 1쇄 인쇄** | 2024년 3월 29일 **1판 1쇄 발행**

**지은이** 한광식 박종철 이종현
**펴낸이** 최용구 | **펴낸곳** 도서출판 **이프레스**
**주소** (04316) 서울시 용산구 원효로 89길 19 (원효로1가)
**전화** 02) 537-1720(영업부), 537-1721(편집부), 537-1711(팩스)
**이메일** epress01@naver.com | **홈페이지** www.epress1.com
**등록** 2009년 12월 10일 제16-2710호
**기획마케팅** 최용구 장만동 송대용 최충구 | **책임편집** 석기은 황가연

ISBN 979-11-91348-58-3 03320
정가 20,000원